读者点题 共同关注

打造开门办报新名片

人民日报社 ◎ 编

人民日报出版社
北京

图书在版编目（CIP）数据

读者点题·共同关注 / 人民日报社编 . -- 北京：人民日报出版社，2025.6. -- ISBN 978-7-5115-8785-5

Ⅰ. F124-49

中国国家版本馆 CIP 数据核字第 2025KK4239 号

书　　名	读者点题·共同关注
	DUZHE DIANTI · GONGTONG GUANZHU
作　　者	人民日报社
责任编辑	杨　校　曹　腾
版式设计	九章文化
出版发行	人民日报出版社
社　　址	北京金台西路 2 号
邮政编码	100733
发行热线	（010）65369527　65369846　65369509　65369510
邮购热线	（010）65369530　65363527
编辑热线	（010）65369523
网　　址	www.peopledailypress.com
经　　销	新华书店
印　　刷	大厂回族自治县彩虹印刷有限公司
法律顾问	北京科宇律师事务所　010-83622312
开　　本	710mm×1000mm　1/16
字　　数	69 千字
印　　张	10
版　　次	2025 年 6 月第 1 版　2025 年 6 月第 1 次印刷
书　　号	ISBN 978-7-5115-8785-5
定　　价	38.00 元

如有印装质量问题，请与本社调换，电话：（010）65369463

001 | **开栏的话**

003 | 实现合理增长，这个"合理"有啥深意？

007 | 外资有没有大规模撤离中国？

012 | 透过新能源汽车，怎么看"成长的烦恼"？

017 | 为什么说"信心在当下也在未来"？

022 | 主食吃得少了，我们还需要这么多粮食吗？

026 | 这个第一，我们为啥不离不弃？

031 | 这个"2.5 亿"意味着什么？

036 | 中国新发展理念为何成为国际公共产品？

| 读者点题·共同关注：打造开门办报新名片 |

041 | 全民网购，实体店的未来在哪里？

046 | 为什么说"我国人口红利仍在延续"？

050 | 消费品"以旧换新"，能落着实惠吗？

054 | 始终"在场"的民营企业，如何"大显身手"？

059 | 代表委员的建议能被采纳吗？

064 | 人大立法，基层的声音能被听到吗？

069 | 今年 GDP 预期目标为何定在"5% 左右"？

074 | 怎么看今年居民消费价格涨幅 2% 左右？

079 | 预付式消费总"踩坑"，难题咋解？

084 | 生成式人工智能爆发，未来"人工"会被取代吗？

089 | 如何看前两月"发展态势向新向好"？

094 | 人工林面积世界第一，为啥还要年年植树？

099 | "好房子"长啥样？我们何时能住上？

103 | "内卷式"竞争为啥不可取？

108 | 现象级创新，中国后劲如何？

113 | "以旧换新"后，旧的去哪儿了？

118 | 今天，我们需要什么样的企业家？

122 | 花粉过敏增多,如何看待城市绿化"成长的烦恼"?

126 | 规范涉企执法,怎样防止问题反弹、提振企业信心?

130 | 青年的模样,是时代的镜像

134 | 今天我们为什么还需要图书馆?

139 | 中国为什么还需要外资?

143 | 外部冲击下,中国经济何以这么稳?

148 | 中国作为发展中国家,为什么还要坚持减碳?

开栏的话

问题是时代的声音。问题中有关注，有期盼，有凝聚共识的起点，有实践前行的动力。

当前，我国经济回暖向好，但也面临一些新情况、新问题。宏观政策持续发力，微观主体密切关注，一些读者也在本报网络端留下思考和疑问。回应读者关切，本报今起开设"读者点题·共同关注"栏目，聚焦民生热点、发展难点、改革堵点，和读者一起打开视野、探寻路径，从一面观到多角度，从盯眼前到看长远，同题共答、解惑解扣，全面辩证看待经济形势、发展大势，切实强信心、稳预期、促实干。

实现合理增长，这个"合理"有啥深意？

本报记者　吴秋余

　　从媒体上瞧见这么句话：推动经济实现质的有效提升，量的合理增长。"质的有效提升"相对好理解，"量的合理增长"到底有啥深意？现在老提经济增速"5%左右"，这算不算"合理增长"？

——人民网网友 12****2

这是一个非常好的问题。1月17日，国家统计局公布了最新的中国经济成绩单，2024年国内生产总值同比增长5.0%，顺利实现"5%左右"的预期增长目标，我们不妨就从"5%左右"说开去。

理解合理增长，首先可以从远期目标来看。按照我们"两步走"的战略安排，2035年"基本实现社会主义现代化"这个"第一步"要求人均国内生产总值迈上新的大台阶，达到中等发达国家水平。保持合理增速，一年接着一年干，才能确保既定的长远目标顺利实现。放在中国式现代化全局中看，"5%左右"的增长速度是与中长期发展目标相衔接的。换句话说，只有保持这样的合理增速，我们才能保证"第一步"目标顺利实现。

说到这里，又有一个问题：为什么不能努力让增速快于5%，从而更早实现"第一步"的发展目标呢？

的确，大家都希望经济增长快一些，但经济发展有其客观规律，增长速度也不是想高就能高的。从经济学角度看，一个国家可实现的经济增长率受到潜在增长率等多个因素影响。

就像田径场上的运动员，只有在身体、环境、心理等各方面因素保持最佳状态时，才能跑出最好成绩。潜在增长率是一定时期内，一个国家或地区在各种资源得到最优配置和充分利用的条件下，所能达到的经济增长率。这是理想状态下的增长率，现实中，经济增速往往围绕潜在增长率合理波动。

眼下，中国经济面临的内外部挑战着实不小。在这样的状态下，"5% 左右"是一个充分估计困难、实事求是的目标，也是一个经过努力能够实现的目标。

对"5% 左右"这个数字本身，很多人可能是"无感"的，但它与每一个人的生活都息息相关。

比如，解决就业问题的根本路径是发展经济。2024 年，我国就业形势总体稳定，全国城镇调查失业率平均值是 5.1%，比上年下降 0.1 个百分点，这与 2024 年 5.0% 的经济增长密不可分。未来，继续促进高质量充分就业，也需要经济保持合理增长。

又如，经济增长是国家财政收入增加的主要来源，而财政又是改善民生的基础条件，没有经济增长带来财政收入的合理增加，民生改善就失去了一个重要支撑，这也是"5% 左右"目标设定的重要考量。

这些年来，中国经济发展的实践告诉我们，经济增长从来不是讨论出来的，而是在实干中取得的。

再"合理"的增长速度，也需要脚踏实地一步一步去实现。如今，中国经济体量越大、质量越高，发展的要求和难度也就越高。这也意味着，实现经济合理增长，需要我们付出更多的努力、应对更大的挑战。

重视速度、不唯速度，尽最大努力，争取最好结果，持续推动中国经济实现质的有效提升和量的合理增长，努力以自身工作的确定性应对形势变化的不确定性，"确保我国经济航船乘风破浪、行稳致远"。

《人民日报》（2025 年 02 月 05 日第 01 版）

外资有没有大规模撤离中国？

本报记者　罗珊珊

　　网上有自媒体说"外资正在大规模地从中国撤出去"，这个说法靠谱吗？我上网查了查，发现2024年全年，中国实际使用的外资金额同比下降27.1%，同时新成立的外资企业数量同比增长9.9%。两个数据，是不是自相矛盾？

——人民网网友 49****4

这位网友的观察非常细致，回答这个问题，想先说个身边故事——

沃尔玛大卖场，大家都不陌生，有没有感觉到近年来许多门店关闭了，是不是常看见类似"沃尔玛撤离中国"的新闻？

但这是全部事实吗？未必！

就在2024年12月18日，沃尔玛山姆会员店在浙江温州开设了全国第五十二家门店。更直观的是，2024年第三季度，沃尔玛在中国的净销售额同比增长17%。

一家总被传"撤出中国"的企业，却在中国市场保持销售额增长，矛盾吗？

这恰恰反映了中国市场的变化：在消费需求个性化、多元化趋势下，在本土零售企业强势崛起下，传统商业模式在中国行不通了，快速反应跟上中国市场变化的外资企业才能获得成功。

一句话，时代在发展，中国市场已今非昔比，中国与外资的相对关系也有了新变化。

在讨论外资是否撤出中国时，先要搞清楚"中国还需要外资吗"？

现在，中国进入高质量发展新阶段，从资本紧缺转向资本富余，从注重引进外资转向"引进来""走出去"并重，一些网友认为"中国没那么需要外资了"，一些外媒借此鼓吹"中国不欢迎外资"。

显然，资本富余和"走出去"并不意味着中国不需要外资了。加快构建开放的国内国际双循环，外资仍是关键枢纽。

事实上，近年来，中国出台了更大规模、更高水平的自主开放和单边开放举措：举办进博会、链博会，缩减外资准入负面清单，给予外资国民待遇……外资进入中国市场的门槛不断降低，越来越多的中小外资企业进入中国市场，这是新设外资企业数量较快增长的重要原因。

那引资规模为何下降呢？

产业投资是面向长期的理性经济行为，受中长期多重因素影响，数据上下波动是符合经济学规律的。

先看短期，2021年以来，我国连续3年引资规模超1万亿元，外资大量流入，集中释放了投资需求，2024年有所收缩也在正常范围内。

再看长期，全球跨国投资呈现出服务化、轻资产化趋势，利用外资规模与新设企业数量之间也会出现阶段性反差。

目前，我国服务业利用外资规模占七成左右，服务业轻资产属性明显，这对引资规模的影响可不小。

数据反差能理解了，外资对中国到底是啥态度？

"下一个'中国'，还是中国。"这是众多外资企业的共同心声。

今日之中国，技术突破、人才累积，全要素生产率大幅提升，"世界工厂"含金量跃升；超大规模市场的需求优势显著，"世界市场"空间广阔。

毫无疑问，一个持续发展、动能强劲的中国，一定是外资眼中的"香饽饽"；但同时，一个充分竞争、市场开放的中国，外资企业必须拿出看家本领才能站稳脚跟。

这些年，一些没有跟上中国市场变化的外资撤出了，更多技术含量高的外资进来了。

近年来，美西方一些人将经贸问题政治化，全球跨国投资持续低迷，这对我国吸引外资带来了不小挑战。外部环境越是严峻，越需要以更高质量的发展、更高水平的开放，应对外部不确定性。

坚定开放、互利共赢，中国是认真的。

还是那句话：与中国同行就是与机遇同行，投资中国就是投资未来。

《人民日报》（2025年02月10日第01版）

透过新能源汽车,怎么看"成长的烦恼"?

本报记者 林 琳

前阵子,新能源汽车品牌极越"闪崩",加上此前的高合等品牌,造车新势力接连倒下,怎么看待这些问题?中国新能源汽车还能走多远?

——人民网网友1*********6

一些新能源车企破产，新车变"烂尾车"，是这个产业必经的"成长的烦恼"。

中国新能源汽车产业一路走来，可以用两个"酷"概括：炫酷与残酷。

炫酷自不必说。款型之多、功能之全、产能之巨、价格之优，可谓酷冠全球；90后、00后作为新能源车主主力也很炫，"种草"消费潮流，"滋养"整个产业。

残酷也是现实。产业快速成长，市场竞争激烈，利润率处于低位，有头部企业每卖一辆车只赚8000元。

"成长的烦恼"，既在产业内部，也破圈产业外延。

"电车"受青睐，"油车"就有些落寞；充电桩受青睐，加油站就有些落寞。还有高速公路，每驶过5辆车，就有1辆新能源汽车，这辆车可是没交养路费的。

一边是理性"无情"的经济规律和市场竞争、"手心手背都是肉"的利益迁移与艰难割舍；另一边是新"玩家"入场、新品牌"破土"、"油电同权"的讨论声越来越多，现有利益的再调整迫在眉睫……新能源汽车产业就是这样，始终伴随烦恼，也在烦恼中拔节生长。

烦恼不可怕。产业的发展动力往往源自最初的烦恼。

曾经的中国汽车产业，只能靠"市场换技术"，如今新能源汽车另辟赛道，领跑全球市场。我们的光伏产业，经历原料、设备、市场"三头在外"的窘境，组件产量全球占比已超80%。艰难起步的船舶制造业，三大指标更是连续15年世界第一……"成长的烦恼"倒逼创新驱动，收获长成的甘甜。

产业的持续升级，则需不断化解新烦恼。眼下，新能源汽车产业、光伏产业竞争日趋白热化，国内外挑战前所未有；船舶制造业遭传统造船强国环伺，新型技术难题接踵而来……烦恼—解烦—新烦恼—解新烦，就像运动不止的矛盾体，在螺旋式上升的过程中，不断历练产业的韧性，持续激发经济的活力。

优胜劣汰，潮落潮起。有黯然退场，也有滚石上山。2024年，老牌车企比亚迪成为全球新能源汽车市场"销冠"；跨界新手小米汽车顺利完成全年目标；深耕海外市场的上汽，产品和服务进入100多个国家和地区……一批有胆识、有眼光的企业，依靠创新驱动，新产品脱颖而出。

产业的成长和人一样。身为父母，常有这样的烦恼，孩子正"蹿个"，衣服很快就小了，换上大衣服，没多久又得再换。

国家的发展也一样，我们用几十年时间走完发达国家几百年走过的工业化历程，"蹿个"太快，成长的过程中从没少过烦恼。

从改革，到全面深化改革，再到进一步全面深化改革，我们的国家要解烦，也"得给成长快的孩子换上一件大衣服"，通过协同推进新型工业化、信息化、城镇化、农业现代化，持续化解各种"成长的烦恼"。

"理想很丰满，现实很骨感"。烦恼，源于预期目标与现实基础、个人期盼与社会条件之间的差距。

因为心怀美好期盼，希望国家更好、自己的生活更好，面对不够完美的现实才会有烦恼。文件里常说，"坚持问题导向"，"坚持守正创新"。烦恼就是问题，解烦得靠勇气智慧，实干苦干，首先还是要怀"平常心"。

回到网友的问题，中国新能源汽车还能走多远？

最新的回答是——春节前夕，黑龙江黑河的寒区试车节热闹非凡，本试车季测试车辆中的新能源汽车占七成，这一领域的高质量发展带火边陲小城、带出一个产业链；据美国电动汽车网报道，刚刚落幕的美国消费电子展上，记者帕特里克·乔治试乘中国的新能源汽车后，在与参会的数十位汽车和科技行业高管、工程师、分析师交流时发现，许多人都谈到了"追赶"中国，这一表述出现之频繁超出了他的预期。

平常心是信心，也是耐心、定力。有定力，才能更好地去创造方法、谋划思路。这是国家、大家的课题，也是每一个小家、每一个"你我他"的考题。

《人民日报》（2025年02月11日第01版）

为什么说"信心在当下也在未来"？

本报记者　陈圆圆

> 我们这一代人上有老人要照顾，下有孩子要抚养，都说经济下行压力大，增收、加薪，房贷、车贷，方方面面，任务不轻。新的一年，减压提气，信心在哪里？
>
> ——人民网网友 1*********7

信心在哪里？在当下，也在未来。

票房超 150 亿元！今年，中国电影市场强势开场。其中，动画电影《哪吒之魔童闹海》登顶中国电影票房、中国影史观影人次、全球影史单一市场票房三榜榜首，持续刷新纪录。

哪吒，这个脚踏风火轮、手持火尖枪的少年，正从陈塘关冲向全世界。

去年底，外交部发言人祝贺《黑神话：悟空》获全球游戏大奖，实现中国游戏史上"零的突破"。

有玩家激动地表示："游戏里，我在美国西部骑过马，在欧洲当过海盗，现在终于可以回到家乡，做自己的英雄。"

如此沛然的自信，令人感慨。

国产电影和国产游戏是经济大潮中的浪花。创新的时代，逐浪的风口，有人收获喜悦，有人掩藏遗憾，但回望来时路，拥抱新一年，依然一路向前。

向内看，我们从"外部压力加大、内部困难增多"的复杂严峻形势中走来，2024 年走出了"前高、中低、后扬"的运行态势，经济社会发展主要目标任务顺利完成，彰显大国经济强劲韧性。

横向看，2024年美国经济增长2.8%、欧盟0.8%，全球经济预计增长3.2%。而中国以世界第二大经济体之姿，以超大规模市场之能，以5%年度增速之势，风景这边独好。

这其实是一种"加速度"。

国产大飞机C919累计承运旅客突破100万人次，新能源汽车年产量首超1000万辆，快递年业务量突破1700亿件，中欧班列累计开行超10万列……活力中国的数字流量，为这艘经济巨轮"续航加油"。

这也许是一种"反差感"。

高铁上键盘声电话声此起彼伏，街巷里外卖小哥忙碌送餐，热门展览一票难求，人山人海的火车站"蓝牙耳机都连不到自己的手机"……今天的中国如此神奇，透过"吵""乱""挤"，总能看到"拼""燃""潮"。

这蕴藏着一种"辩证法"。

一方面，在外部环境不确定性、新旧动能转换的语境下，挑战从未"离场"。另一方面，社会主义市场经济的体制优势、超大规模市场的需求优势、产业体系配套完整的供给优势、大量高素质劳动者和企业家的人才优势，优势始终"在场"。动能转换、破旧立新，"十四五"规划收官之年，更加亮眼的开局提升信心"含金量"。

这体现为一种"年轻态"。

社交平台上,"这届年轻人被中式美学圈粉"话题火爆,折射出Z世代消费个性化、文化自信具象化。穿新中式服装、买文创冰箱贴,优秀传统文化为超2万亿元规模国潮经济注入底气。网络文学、微短剧反向输出,平视世界的一代滤镜祛魅。从"尔滨"雪花到泉州簪花,"种草"经济滋养文旅产业。奔涌的"后浪",正成长为大国向前的"热浪"。

筑基、蓄能、增势,信心不是凭空而来。中华文明5000多年的浸润、近代以来上百年的隐忍、改革开放40多年的厚积,在新时代伟大变革中勃发。金融危机、经贸摩擦、新冠疫情全球大流行……百年变局加速演进,中国人从不缺百折不挠的韧劲,无论物质的角力,还是精神的对垒,纵有低谷终能"越过山丘"。

信心绝非盲目乐观。把握好预期与目标的撑杆跳,充盈着"跳一跳能够得着"的工具箱,对未来越有信心,对当下越有耐心。

无论是"斗罢艰险再出发"的悟空,还是"若前方无路,我便踏出一条路"的哪吒,奔忙在开赴新命之路,既是时代命题，也是人生课题，每一个人都是主角，每束微光都熠熠生辉。

"我们从来都是在风雨洗礼中成长、在历经考验中壮大，大家要充满信心。"

中国式现代化，是宏大叙事，也是生动故事、长期叙事。敢问路在何方？路在脚下。

《人民日报》（2025年02月12日第01版）

主食吃得少了，我们还需要这么多粮食吗？

本报记者　王　浩

> 每当看到粮食丰收的新闻，我心里就有个疑问：现在大家生活条件都普遍变好了，主食吃得也比以前少了，咱们中国还需要种这么多粮食吗？
>
> ——人民网网友 19****5

作为"农口"记者，身边的朋友时不时也会提出类似问题："少吃主食，能减重降血脂，粮食多点少点，没关系吧？""饭桌上多是肉蛋奶、果蔬鱼，粮食还有这么重要吗？"……对于这些问题，咱们不妨从3个角度来探讨。

首先，粮食不等于主食。

馒头、米饭、面条等主食是用粮食直接做的，而肉蛋奶则需要粮食转化。比如家禽、家畜吃的饲料里有玉米、豆粕等，据测算，1斤肉需要约2.5斤原粮转化。可见，从一日三餐到日常零食，几乎都离不开粮食。

再看看我们的"饭量"。十几亿人口要吃饭，这是我国最大的国情。全国人民平均一天要消耗70万吨粮、23万吨肉、9.8万吨油以及192万吨蔬菜。如果真缺粮了，谁来帮我们，谁又能帮得了我们？

况且，如今生活条件好了，大家不仅要"吃得饱"更要"吃得好"，消费结构优化趋势更加明显，粮食需求还会"压力山大"。

中央农村工作会议部署2025年"三农"工作，排在第一位的就是持续增强粮食等重要农产品供给保障能力，释放的就是把粮食安全作为头等大事来抓的鲜明信号。

其次,"当年丰收"不等于"年年丰收"。

有朋友开玩笑,新闻上总说粮食丰收,都有"审美疲劳"了,肯定够吃。的确,2024年我国粮食总产量突破1.4万亿斤,意味着人均粮食占有量超500公斤,高于国际公认的400公斤粮食安全线标准。

但真的"高枕无忧"了吗?粮食丰收,"天帮忙""人努力"缺一不可。旱涝灾害仍是粮食生产的最大风险。从面上看,2024年农业灾情相比前些年较轻,但一些地方遇到"龙舟水""暴力梅",农民和一线干部付出了很多努力。天气变化不确定性很大,这就决定了粮食生产不能放松。

居安思危,什么时候都不能轻言粮食过关了。咱们用数据说话,1996年、1998年和1999年全国粮食产量分别三次达到1万亿斤,但中途经历了波折,付出了很多努力,2007年才再次回到1万亿斤。"滑坡容易、爬坡难","始终绷紧粮食安全这根弦"准没错。

中央经济工作会议提出,"抓好粮食和重要农产品稳产保供"。看看我们手里的"牌":全国耕地面积实现连续三年净增加,2024年137个小麦新品种通过国家审定,300马力无级变速拖拉机量产应用,这些都转化为了实实在在的粮食生产力,我们有信心夺丰收。

第三,粮食问题不仅仅是粮食的问题。

从经济"大盘"看,粮价是百价之基,粮价以及受其影响的食品价格牵连着居民消费价格指数涨跌。居民消费价格关系经济大势,更关系千家万户的"小日子",中国经济大船驶得稳,可少不了"三农"这块"压舱石"。

从国家安全看,我们不能忘记,一旦有了不稳定性、不确定性因素,许多国家和地区立即捂紧"粮袋子",把粮食当成博弈工具。粮食多一点少一点是战术问题,粮食安全却是战略问题,多了的压力和少了的压力不可同日而语。

手中有粮,心中不慌。粮食,平时不显山露水,一旦风吹草动,就牵动人心。再看看我们的餐桌,粮食安全是"国之大者",是不是更具象化了?粮食丰收,咱得一茬接着一茬干。

《人民日报》(2025年02月13日第01版)

这个第一，我们为啥不离不弃？

本报记者　丁怡婷

最近看到个数据，我国制造业总体规模连续 15 年全球第一。放国际上看，我们的家底已经挺殷实了，制造业费时费力来钱慢，我们还有必要花这么多精力去保持这个第一吗？

——人民网网友 13***0

回答这个问题,首先要弄清楚一个基本的问题:对于我们这样一个有 14 亿多人口的大国,制造业到底意味着什么?

先看小的。各式各样的电饭煲、榨汁机,便携实用的折叠自行车、电动平衡车……百姓吃穿用住行,离不开制造业。

再说大的。从嫦娥六号首次月背采样到"梦想"号探秘大洋,从第二艘国产大型邮轮全船贯通到 CR450 动车组样车下线,一项项发展成就,离不开制造业。

还有"急"的。抗震救灾,无人机建模测算,起重机、挖掘机等大型机械助力,8 分钟搭起一间安置板房;应急保电,除冰机器人仅需 15 分钟,便可清除 500 米架空线路的覆冰隐患……没有全球领先的"中国制造",这些难以实现。

制造业是科技创新的坚实依托,既能通过高强度研发,推动新技术、新工艺突破,也能提供丰富应用场景,加快科技成果转化为现实生产力。制造业还是吸纳就业的重要载体,事关亿万百姓的饭碗。第五次全国经济普查结果显示,制造业法人单位从业人员超 1 亿人,占第二、三产业法人单位从业人员的比重为 24.4%。

说到底，中国任何时候都不能缺少制造业，也不能指望其他国家来满足我们对万千消费品、工业品的巨大需求。换言之，制造业的这个第一，绝不是用来自得的"花架子"，而是事关国计民生的实实在在的家底和根基。

这个第一，来之不易。

新中国成立初期，一穷二白，"一辆汽车、一架飞机、一辆坦克、一辆拖拉机都不能造"。日用生活消费品仅有纱、布、火柴等为数不多的品种产出。

白手起家，攻坚克难，我们用几十年时间走完了发达国家几百年走过的工业化历程。从传统家电、服装等消费品到高铁、核电等高端装备，一个品种全、门类多、体量大的完备产业体系"支棱"了起来。2010年以来，我国制造业规模始终稳居世界首位，占全球比重约为30%。一代代人用汗水心血甚至生命换来的这一奇迹，我们怎能离弃？

不离不弃，也因中国制造浸润着中华优秀传统文化基因。中华民族自古注重实业，从"工欲善其事，必先利其器""经世致用"的思想渊源，到记述传统工艺的《考工记》《天工开物》等古代典籍，再到实业救国的近代企业家张謇积极引进先进技术和经营理念，背后都有着对实体经济的看重、对工匠精神的推崇。心无旁骛做实业，是中华儿女的本分，是赓续千年的传承。

回望来路，倍感珍惜。放眼全球，"保持第一"，蕴藏着应对大国博弈、抵御风险挑战的底气。

从世界经济史看，许多经济强国的诞生，开端皆是制造业。进入后工业化阶段，一些国家"脱实向虚"、转移产业，导致"产业空心化"，近年来正大力吸引制造业回流。与此同时，一些新兴国家凭借低成本等优势，奋力角逐制造业赛道。

逆水行舟，不进则退。当前，新一轮科技革命和产业变革突飞猛进，全球科技创新空前密集活跃，颠覆性技术不断涌现，加之国际竞争日趋激烈，单边主义、保护主义明显上升，我们稍有懈怠，便会错失机遇、陷入被动。这些年，我们加快突破关键核心技术，努力增强产业链供应链韧性和竞争力，就是为了让供应链"命门"自主可控。只有这样，才能掌握发展主动权，"任凭风浪起，稳坐钓鱼台"。

有人认为制造业"费时费力来钱慢"。这个问题怎么看？

不可否认，制造业的技术研发、设备采购、市场开拓等，都需要投入大量时间和精力，有的确实短期看不到回报。同时要看到，虽然赚不了快钱，但通过抓住市场新需求、新趋势，持续经营、努力提升，不难获得稳定的经济回报和发展空间。相比之下，如果脱实向虚，追求短期利益赚快钱，看似轻松，却蕴藏着更大风险。全国600多万家制造业企业日复一日地坚守实业、深耕主业，何尝不是经过多维考量后作出的理性选择？

不离不弃，是责任，是情怀，更是比较优势、战略定力。无论时代如何变迁，无论面临何种挑战，我们都必须也能够与制造业长相守、共荣光。

《人民日报》（2025年02月17日第01版）

这个"2.5亿"意味着什么？

本报记者　谷业凯

> 我看到一组数据：中国接入互联网30多年了，网民突破11亿，其中生成式人工智能用户约2.5亿人。这2.5亿人意味着什么？
>
> ——人民网网友18*****6

看到这个问题，我首先去问了 DeepSeek，它在给出详细分析后，作了一个总结：

"2.5亿生成式人工智能用户标志着该技术已进入大规模应用阶段，正在深刻改变经济、社会和技术创新的格局。这一趋势不仅反映了技术的成熟和普及，也带来了新的机遇与挑战，需要社会各界共同应对和把握。"

这个回答很有启发，我也来试着给出自己的答案。

今年春节假期，我和身边不少亲戚朋友一样，除了微信拜年、刷抖音，还沉浸于和人工智能"聊天"。不管是查询知识，还是制作PPT，目前至少已有2.5亿中国用户在积极拥抱人工智能时代的到来。

这个"2.5亿"，真实反映了技术的广泛应用和普及。中国网民对新技术新产品的热情，是新技术应用的深厚土壤。而从普及和应用的规模之大，可看出中国互联网和人工智能的发展实力。

这应该算不上"凡尔赛"。科技应用向来是靠脚投票、靠市场说话。在这轮人工智能浪潮中，中国发展基本与世界先进水平同步。从数据看，中国人工智能顶级论文数量和专利授权都是世界第一，人工智能企业数量是全球第二……

所以近期"现象级"人工智能产品的横空出世令人惊喜而非惊讶。当技术突破催生新应用、新业态破土而出、蓬勃生长，用户数激增自然水到渠成。

从1994年全功能接入互联网发展至今，中国已是全球最大的互联网市场，拥有最多的网民和极为活跃的创新生态。从跟跑、并跑到部分领跑，互联网发展在坚持科技创新中获得了丰硕回馈，也成为中国科技发展的缩影。国际上因此评价：中国企业在人工智能领域的成功有望带来更多科技领域的潜在创造性突破，或将引起全球对中国创新能力的重新评估。

从这个意义出发，这个"2.5亿"毫无疑问意味着坚持创新的决心和定力。

创新是一种"长期主义"。创新的好处谁都能看到，但创新尤其是自主创新能不能长期坚持，就要考验眼力和毅力了。3G跟跑、4G并跑、5G领跑，奠定了中国移动互联网风生水起的技术底座，也成为大众熟知的创新赶超"段子"。

还有一种创新是被"逼出来"的，其结果是增强了"志气、骨气和底气"。比如，面对人工智能芯片的限制，科技企业团队另辟蹊径，还把技术心得分享给全世界。

不止人工智能领域。这些年来，政府、企业和社会对科技的投入水涨船高，政策红利不断释放，基础设施和创新生态日益完善，创新是第一动力的理念深入人心，"中国式现代化，科技打头阵"，成为共识共举。

DeepSeek 在回答中提到"新的机遇与挑战"，确实，创新永远在路上。"2.5 亿"更深长的意味，或许是在面对机遇与挑战时，看到了中国人的创新自信。

最近，出现了不少有意思的现象级事件：小红书迎来外国网民纷纷入驻、DeepSeek 成为全球科技"顶流"、动画电影《哪吒之魔童闹海》闯入全球票房榜前十……全世界感受到了中国创新的味道。

创新"是中华民族最深沉的民族禀赋"。正是凭借着创新自信，中国科技越高山、跨深沟，发展迅速、世人瞩目。

科技竞争向来靠实力说话，中国按自己的节奏，埋头做好自己的事。在基础科研领域，高水平国际期刊论文数量及被引次数是世界第一；新兴技术方面，连续多年成为全球发明专利申请量最大的国家；产业创新方面，全球百强科技新集群数量蝉联第一。看着被乱贴"产能过剩"标签的中国新能源产业，英国《经济学人》也忍不住"打抱不平"，发文称"中国生产的电动车与锂电池已不只是便宜，更代表了最先进的科技"。

与这些"第一"同样有意义的，是亿万普通中国百姓与新技术新应用的双向奔赴、热情相拥。中国式现代化是人的现代化。知新创新、自信自立、宽容包容，是新时代给予东方古国的新美表情。

放眼今日中国的创新版图，前有合肥打造"创新高地"，近有杭州"六小龙"火爆出圈，新质生产力的浪潮着实"热辣滚烫"。

想必，在我写下这段结语的时候，这个"2.5亿"又有了新的增长。

《人民日报》（2025年02月19日第01版）

中国新发展理念为何成为国际公共产品？

本报记者　龚　鸣

看到有外国人士说，许多全球南方国家代表团到中国城市乡村参观，想要借鉴中国发展经验，中国新发展理念正成为广受欢迎的国际公共产品。一国的发展理念也可以成为国际公共产品吗？

——人民网网友 15****9

这位网友的观察很仔细。的确，越来越多外国朋友到中国参观，学习借鉴中国新发展理念和经验。

创新之都深圳，去年就有10余位外国元首和政府首脑前来参观科技企业；绿水青山就是金山银山理念首提地浙江安吉，入选联合国"生物多样性魅力城市"，吸引了很多外国朋友。还有福建宁德、湖南十八洞村等地，都有外国领导人参观考察。中国举办的各类发展培训班，广大发展中国家朋友报名踊跃。

这些国家为什么看好中国？

因为中国走出了一条完全不同于西方的现代化道路，展示了发展路上"升级打怪"的全新"玩法"，让各国看到了不一样的未来图景。

8亿贫困人口全部脱贫，不只是数字的震撼，也让更多国家看到了"逆袭"的可能；广西平陆运河建设正酣，工程建设航拍传到网上，外国网友惊叹这是"科幻级工程"，希望自己国家也有这样的建造能力；电动汽车全球"圈粉"，电子支付走向世界，人工智能模型DeepSeek上演"东方奇迹"，许多国家感叹"未来已来"……

中国的新发展理念对其他国家有效吗？

还别说，成功实践真不少。

老挝听松村对标湖南十八洞村，打造老挝农村可持续发展的样本；乌兹别克斯坦在全国各州、市试点推广中国减贫经验，国内贫困人口逐年减少；卢旺达吸取中国电商经验，助力本国经济发展……

立足于自身国情的中国经验，对于广大发展中国家，既有情感的共鸣，又有实操的可行。正如秘鲁总统博鲁阿尔特所说："我们从中国身上学习到，没有什么是不可能的。"

从蒙内铁路、金港高速公路，到拉各斯国际机场、钱凯港，近年来，被誉为"基建狂魔"的中国在世界各地不断"上新"，众多惠民生、暖人心的工程，让当地民众获得感结结实实。这些项目本身不仅仅是钢筋水泥、硬核科技，更是中国对全球发展的深度参与，也是中国新发展理念的全球化表达。

要致富，先修路，这条"土生土长"的中国发展经验，从改革开放浪潮中走来，经过脱贫攻坚战的实践检验，如今又随着高质量共建"一带一路"的脚步走向世界，成为发展中国家消除贫困、改善民生的"超强攻略"。

访问中国时，不少国家政党政要从紧张行程中挤出时间

"下乡""进村",希望听到更多中国发展故事,更深入地了解中国之路、中国之治、中国之理。回到自己的国家,他们将《习近平谈治国理政》《习近平扶贫论述摘编》《摆脱贫困》等著作当作案头书,结合本国实际学习思考。

那么,一国的发展理念也可以成为国际公共产品吗?

传统上,人们谈到国际公共产品,主要指的是涉及全球安全、经济稳定、环境保护等需要国际社会协调与合作的机制和行动,旨在惠及多个国家甚至全球,如我们熟知的联合国维和行动、气候变化《巴黎协定》等。大国在国际公共产品的提供中扮演着重要角色。但其实,这是对国际公共产品的狭义理解。具有普遍价值的理念同样能够促进国际社会在共同关心的问题上达成共识,推动全球合作和发展。

近年来,无论是构建人类命运共同体理念、共建"一带一路"倡议、三大全球倡议,还是以人民为中心的发展思想、可持续发展理念、合作共赢理念,这些中国理念和倡议被广泛传播和共享,不仅指导了中国自身的发展,也为国际社会提供了经验和智慧。无论是从思想层面还是实践层面,这些理念和倡议都具备了国际公共产品的属性。

中国愿意把好的发展经验同各国共享,实现共同发展。

目前，全球只有约 10 亿人口步入了现代化，还有 7 亿多人面临饥饿。中国始终认为，只有大家一起发展才是好发展，走在前面的国家要拉一把暂时走在后面的国家，只有共同做大发展的蛋糕，才能我好、你好、大家都好。

从这个意义上说，新时代以来更多"自带流量"的中国新发展理念走向世界，在全球各地尤其是发展中国家收获关注、投入实践，成为深受欢迎的国际公共产品，就很自然了。

《人民日报》（2025 年 02 月 20 日第 01 版）

全民网购，实体店的未来在哪里？

本报记者　罗珊珊　王　洲

> 最近，家门口的一家老商场倒闭了，感觉许多实体店没有过去那么有人气，网上也有一些唱衰声音，认为实体店过气了。实体店还有未来吗？
>
> ——人民网网友138****2

电商冲击下，有人说"实体店不行了"。

到底行不行，咱先探探店——

"合生汇又开了 5 家新店""好吃好玩宝藏店铺合集"，跟着小红书的分享，来到位于北京朝阳区的合生汇商场，几家首店新开，门口人潮涌动。春节假期，合生汇销售额同比增长近 15%。

河南许昌胖东来，一家企业带火一座城，被网友称为"没有淡季的'6A 级景区'"。2024 年胖东来商贸集团 13 家门店，销售额达 169.64 亿元。

一边黯然退场，一边风生水起。原因何在？答案是，消费需求变了。

数字经济蓬勃兴起，颠覆了商业市场的逻辑。电商平台基于大数据优化供应链效率，以更低的成本汇集海量商品、覆盖广泛客群，线上下单、送货上门，消费者省心省力还省钱。数据显示，全国 60 岁及以上网民网络购物使用率已近 70%，2024 年快递业务量超 1700 亿件。

全民网购，实体店的未来在哪里？

回答这个问题，先要捋清"人、货、场"三要素的时代演进。票证经济的年代，商品短缺，人的需求难以被有效满足,"商场有什么就买什么""给多少就是多少",实体店只需处理好"货"与"场"的二元关系。改革开放之初,"早点铺恢复"的消息成为很多报纸的热点新闻。如今,市场经济繁荣,商品供应丰富,"人"这一要素的主体性凸显,"想买什么我说了算",消费需求既多元又动态,"货"与"场"的内涵和外延不断拓展延伸。

今天的消费者,眼中的"货"不仅是物质消费,更有文化等服务消费,需要的"场"不单是购买商品之所在,还是实物体验、社交休闲、亲子互动等吃喝玩文体购一站式场景。

很显然,实体店的未来就在"人"。特色招人、服务引人、质量留人,"人气聚起来"才有"商机旺起来"。

直面"网购代替超市""快递代替批发",敏锐的先行者已经破局"只逛不买",以人为本创新场景业态,精准细分人群。瞄准"一老一小",银发经济和婴幼儿经济一片蓝海;盯紧Z世代"后浪",动漫衍生、潮玩经济炫酷登场。

网购与实体并非此消彼长的对立关系,而是互联、互通、互补。你无我有、你有我优,线上送便利、线下优服务,以满足消费者需求为中心，探索差异化发展，才能获得更广阔的增长空间。2024年，传统超市业态不断优化经营手段与内容，零售额同比增长2.7%。

还是那个道理：人是发展的主体，也是发展的目的。创新变革是路径，以人为本是底气。

2月15日，北京最大的购物休闲综合体——世纪金源购物中心宣布将启动转型，策划以咖啡、音乐、运动会友的文化社交活动，构建丰富多彩的文化交流场域。这一消息令人感慨。2004年，刚开业的世纪金源被誉为亚洲最大单体商业项目，曾吸引无数消费者的目光。

20多年后的今天，"实体店还有没有未来"成为话题，照见经济发展、时代前行。去年底，商务部等部门出台相关措施，加快"一店一策"改造和零售业创新转型。在"变"与"不变"中，更多实体店将脱胎换骨，浴火重生。

中国人讲究"和合共生"，无论数字经济、人工智能发展到何种地步，都不会也不能阻断人际交往。零售业是老百姓身边的商业，不仅需要便利度，也需要人性化的"温度"。

"键对键"不会取代"面对面"，这是实体店的生存之基。

数字与实体相互激荡、融合赋能，将创造更加美好、多元、丰富的场景体验。

实体店的未来，依然值得期待。

《人民日报》（2025年02月23日第01版）

为什么说"我国人口红利仍在延续"?

本报记者 刘 念

> 网上有人说,老龄化加快,社会正面临"未富先老"的挑战,人口红利已经见底。我想知道,咱们国家的人口红利还能不能延续?经济发展和个人生活是不是都要受影响?将来我们给长辈、给自己养老,会不会"压力山大"?
>
> ——人民网网友 1*********3

为什么说"我国人口红利仍在延续"？

人口问题，"国之大者"。

当前，我国人口发展呈现少子化、老龄化等趋势性特征，60岁及以上老年人口占比超两成。一边迈向共同富裕，一边经历"未富先老"，这是摆在面前的现实。

"未富先老"，是否意味着人口红利消失？人口发展，还能支撑我们增进民生福祉、实现中国式现代化吗？

寻求答案，不妨先着眼其中的两组关键词，厘清人口与红利、"富"与"老"的辩证关系。

数十年的快速发展、"两大奇迹"，无疑得益于劳动力丰富。同时，中国特色社会主义的制度红利、改革开放的政策红利，更是根本原因。人口，并非发展红利的全部；即便劳动力减少，尚有政策、技术、资本等要素补位、兜底，对冲单方面影响。

再说人口红利，其内涵也在与时俱进。人口发展，既看数量，也看质量。随着教育水平、国民素质显著提升，人口红利非但没有消失，反倒为人才红利打开了增长空间。释放人才红利，助推科技创新、产业升级，正是"以人口高质量发展支撑中国式现代化"的题中之义。

人口与红利，不是一道简单的加减题，更像囊括若干变量和算法的多元函数，通过高阶视角，才能透彻解析。

同理，人口红利不仅要看增量，还要看存量；不仅在于"新生代"，也在于愈发给力的"老一辈"。

曾经，人们还担心老年人跟不上信息时代的节奏。转眼间，一批老年人刷起了短视频、爱上了网购，甚至自己当网红、做电商，破次元、火出圈。1.7亿中国老年网民为互联网注入新活力，人口红利的延续效应，不容小觑。

放眼更多领域，银发群体同样朝气蓬勃。风景名胜地，带着户外装备、摄影器材，体力不输小年轻；相约健身房、滑雪场，燃烧卡路里；投身各类教育平台，舍得为知识付费，活到老、学到老。中老年文旅年消费超7000亿元、在线教育人群约3500万、马拉松参赛者逐年增加……六七十岁，正是"闯"的年纪。

"老"，未必是"富"的阻碍。

"银发经济"写进政策文件，站上风口；"银发力量"入选年度流行语，引人注目；陪老年人就诊、代写回忆录，成为许多年轻人"创收"的新行当。身边事、大数据都在表明，亿万"银发族"对美好生活的需要，是个巨大的潜在市场，完全可以成为经济增长的动力、社会发展的机遇。

向"老"发力，再创红利。中共中央、国务院印发《关于深化养老服务改革发展的意见》，明确提出"健全分级分类、普惠可及、覆盖城乡、持续发展的养老服务体系""进一步激发养老事业和养老产业发展活力，更好满足老年人多层次多样化养老服务需求""让全体老年人安享幸福晚年"……顶层设计指明方向，众多实干者、创新者循声耕耘。

人口有存量、有质量，银发力量支棱起来、老当益壮。释放新红利，可期亦可及。

展开视野，还能看到，统筹应对少子化、老龄化，避免顾此失彼；进一步全面深化改革、扩大开放，在人口发展新形势下，不断为实现中国式现代化提供新动力。一系列战略之举，照应当下，照亮未来。

新时代的中国，无论长幼，都有条件展望并践行同一个目标：充满信心，把日子过得更好。

《人民日报》（2025年02月24日第01版）

消费品"以旧换新",能落着实惠吗?

本报记者 王 珂 原韬雄

国家搞"以旧换新",政策挺好,但也有一些"吐槽",有人担心商家会不会先涨价后打折,成为"鸡肋"。"以旧换新"能落着实惠吗?

——人民网网友 15****1

网友的问题,既表达了对消费品以旧换新政策效果的肯定,也反映了对政策实施过程中的一些担忧。

"以旧换新"能落着实惠吗?得用数据说话。

先来看一个"换新账单":春节假期,一名消费者在北京朝阳区一家商场购买了智能冰箱和一级能效空调,政府补贴加店铺补贴,共优惠2000多元,可谓"真金白银"。

当下,家里有换新需求的消费者不在少数。汽车、家电、家装厨卫等耐用消费品,随着使用年限的增长,无论是在产品功能方面,还是在需求升级方面,更新的必要性都越来越大。

商务部发布的数据显示:2024年,全国汽车以旧换新超过680万辆,超3600万名消费者购买8大类家电以旧换新产品超过5600万台,家装厨卫"焕新"补贴产品约6000万件,电动自行车以旧换新超过138万辆。

积少成多,聚沙成塔,以旧换新惠及越来越多消费者,让人们对美好生活的向往变为现实。

关于网友提到的担心商家"先涨价后打折"问题,相关部门早已明确,畅通消费者举报投诉渠道。对不履行价格承诺、"先涨价后打折"、套取补贴资金的经营主体,会第一时间取消其参与活动资格，并追缴国家补贴资金。

提升以旧换新体验，"新招不断"。在一些电商平台，从旧品回收、新品选购到补贴申领再到新品送装，消费者只需在手机上操作，就可以完成全流程，便捷、高效、实惠。

那么，对当下和未来的中国经济来说，"以旧换新"又有啥实实在在的利好？

一家重庆新能源汽车企业的销售负责人介绍，以旧换新政策对汽车销售的拉动作用非常明显。政策实施以来，到店咨询和购买新车的消费者明显增多，企业销量实现大幅增长。

消费品以旧换新中，高技术、高能效产品备受青睐。2024 年，汽车以旧换新中，换购新能源车的比例超过 60%，超过 660 万辆老旧汽车更新为新能源汽车或者节能型汽车。

再以家电以旧换新为例，一级能效产品销售额占比超过 90%，带动高能效等级和智能家电零售额连续 4 个月超两位数增长；家装厨卫以旧换新中，智能坐便器、扫地机器人、智能门锁等智能家居产品换新近 1000 万件。

需求端的爆发，带动相关产业在高端化、智能化、绿色化的"新赛道"上加速前行。

值得一提的是，以旧换新坚持内外一致、高度开放，外商投资企业积极参与、同等受益。商务部数据显示，汽车以旧换新销量中，外资品牌新车占比约 35%。受此带动，外资车企销量显著回升。家电以旧换新销售额中，8 大类家电产品外资品牌占比超过 16%。

扩围加力，一视同仁。展现自信和胸怀，也展现坚定不移推进对外开放的决心。

如果把消费比作经济的活水，以旧换新就像是开闸的阀门，让经济发展更加充满活力和生机。2024 年，消费品以旧换新带动相关产品销售额超过 1.3 万亿元，拉动消费成效显著。

消费有活力，企业有订单，老百姓的收入才有保障，未来的消费更有底气。有了需求与供给的良性互动，经济就能更好循环起来，为高质量发展夯实基础。

这样看来，消费品以旧换新，不是权宜之计，而是"四两拨千斤"的战略之举、长远之策。既提振消费、又带动生产，既带来生活品质的"焕新"，又带来发展质量的"焕新"，最终坚定对中国经济的信心。

《人民日报》（2025 年 02 月 25 日第 01 版）

始终"在场"的民营企业,如何"大显身手"?

本报记者　葛孟超　戴林峰

　　看到2月17日民营企业座谈会的消息,特别振奋。这些年来,有外媒和一些自媒体宣扬中国民营企业要"离场"了,还有的恶意编造"新公私合营论",感觉这次他们又被"打脸"了。作为一名创业者,我也非常关心,民营企业怎样才能"大显身手"?

　　　　　　　　　　——人民网网友 18****2

这位网友的感觉很直观。在支持民营经济发展这件事上，党和国家的态度非常明确，坚持和落实"两个毫不动摇"。党和国家对民营经济发展的基本方针政策，已经纳入中国特色社会主义制度体系，将一以贯之坚持和落实，不能变，也不会变。

为什么"不能变，也不会变"？民营经济为什么不会"离场"而是始终"在场"？看一组数据就清楚了：

如今，民营企业数量占企业总数92%以上；国家高新技术企业中民营企业有42万多家，占比超92%；在出口强劲的"新三样"中，民营企业贡献超过一半；世界500强中，我国民营企业数量从2018年的28家增加到34家。

民营经济由小到大、从弱到强，已成为改革发展稳定不可或缺的力量。数以亿计、遍布城乡的个体工商户、小微企业，是经济肌体的"毛细血管"，是扩大就业、繁荣市场、改善民生的重要支撑。

日常生活中，民营经济提供的服务和场景处处可见，民营经济不仅没有"离场"，而且正在走向更加广阔的天地。

始终"在场"的民营企业，新时代新征程如何"大显身手"？

激发内生动力。

客观上说，一段时间以来，民营经济的发展确实遇到了一些困难和挑战。国内有效需求不足，一些民营企业面临激烈市场竞争，感觉生意"越来越难做"；产业升级推进、技术变革加速，部分民营企业转型之路走得不太顺……

同时更要看到，这些困难和挑战，"总体上是在改革发展、产业转型升级过程中出现的，是局部的而不是整体的，是暂时的而不是长期的，是能够克服的而不是无解的"。

比如，面对零售业"洗牌"，永辉超市主动学习胖东来，自我调改。今年春节假期，41家经过调改的门店销售额涨势喜人；

再如，华晟新能源异军突起，靠的正是选择新的技术路线，完成"惊险一跃"。

只要信心不滑坡，办法总比困难多。消费者"口味"变了，那就推陈出新；传统产业遭遇"瓶颈"，那就大胆革新。

国产游戏《黑神话：悟空》制作人冯骥感慨，"踏上取经路，比抵达灵山更重要。"坚定信心，积极应对挑战，不断创新发展，这是民营企业该有的态度。始终"在场"的民营企业，正在滚石上山中执着前行。

政策措施给力。

这些年，国家一直在为民营经济的发展创造条件。经营缺资金？普惠贷款已覆盖约 1/3 经营主体。办事不便利？从"最多跑一次"到"一次不用跑"，"高效办成一件事"改革还在深化加力。

当前，外部压力加大，内部困难增多。政府部门继续用好"看得见的手"，为民营企业提供保障显得尤为重要：

营造公平竞争环境，《全国统一大市场建设指引（试行）》印发实施；解决融资难融资贵问题，支持小微企业融资协调工作机制落实落细；构建亲清新型政商关系，严格规范涉企行政检查……

法规制度有力。

颁布中小企业促进法、修改反垄断法……长期以来，我国持续强化民营经济法治保障。民营经济促进法草案已提请全国人大常委会会议审议，各方面对制定民营经济促进法高度认同。

法治是最好的营商环境。民营企业闯市场，不仅有政策"撑腰"，还将有法律"靠山"。

| 读者点题·共同关注：打造开门办报新名片 |

"在困难和挑战中看到前途、看到光明、看到未来，保持发展定力、增强发展信心，保持爱拼会赢的精气神。"——民营企业如此，每个人又何尝不是如此？

《人民日报》（2025年03月01日第01版）

代表委员的建议能被采纳吗?

本报记者 徐 隽

全国两会就要召开,我在媒体上看到不少代表委员的履职报道,他们提了许多建议,这些建议能被采纳吗?能发挥多大作用呢?

——人民网网友 15****7

| 读者点题·共同关注：打造开门办报新名片 |

这位网友问得很直白。

先分享两组最新数据——

2月28日，国务院新闻办公室例行吹风会介绍，去年国务院各部门共承办两会全国人大代表建议8783件、政协提案4813件，分别占建议、提案总数的95.1%、96.1%，均已按时办结；

去年，国务院各部门共采纳代表委员所提意见建议5000余条，出台相关政策措施2000余项，在促进经济高质量发展、推动实施科教兴国战略、推进乡村全面振兴、保障和改善民生等领域取得新的工作成效。

可以说，每一个议案、建议、提案，都是汗水、智慧、心血。代表委员履职，有途径、有载体，关键是有效果。

比如，新能源汽车渐成年轻人的消费新宠，随之而来的售后问题也引发关注，全国人大代表曹景芳提出了《关于提升新能源汽车售后保障的建议》。不久前，曹景芳收到交通运输部的答复——组织研究制定新能源汽车维修标准体系，涵盖从业人员、服务质量、维修检测等方面共32项标准，并且推动将"新能源汽车维修工"工种纳入《中华人民共和国职业分类大典》，引导培养新能源汽车职业技能人才。

这是一份"走"出来的建议。为了调研更精准，曹景芳走访多家汽车维修站，请教业内专家，前后经历大半年，过程蛮辛苦、结果很给力。

"给力"，印证履职有保障、有支撑。

举个例子。吹风会上介绍了不少部门办理建议提案的情况，拿民政部来说，2024年共承办全国人大代表建议313件、全国政协委员提案174件，主要涉及老龄养老、社会救助、社会事务等方面。

咋办理？三部曲——

办理前主动联络沟通、办理中及时通报进展、办理后具体反馈答复。邀请部分代表委员参加业务会议、专题调研、座谈访谈，面对面协商交流，就是一招。就这样，持续推动，真知灼见转化为政策举措，民政部全年共采纳代表委员意见建议220多条，出台相关政策措施24项。

代表委员履职，不只是荣誉更是责任，有要求、有考核，挺严格。

许多地方针对人大代表出席会议、接待选民、提出议案建议制定了考核办法。今年全国人代会，将审议《中华人民共和国全国人民代表大会和地方各级人民代表大会代表法

（修正草案）》，草案明确各级人大代表职责，要求人大代表定期报告履职情况。

不久前，全国人大常委会办公厅、常委会代表工委发布10个高质量办理代表建议典型案例，全国政协60件2024年度好提案公布，这对认真履职的代表委员是莫大的鼓励。

全国人代会上，代表们要审议政府工作报告、全国人大常委会工作报告、两高报告以及计划报告，还有被称为"国家账本"的预算报告，这些报告涉及国家立法、行政、司法的开展，涉及钱怎么花、往哪里投。会议期间，各项报告到了最后环节，可能还有修改。审议通过报告，国家机关才能顺利履职。

参加视察、专题调研、执法检查，提出议案、建议、提案，审议发言、提出询问，参加选举、表决，参加双周协商座谈会……依法履职，为民履职。

推进中国式现代化，形象地说，代表委员是"调研员""议事员""监督员"，归根结底，当好围绕中心、服务大局的"服务员"。

又是一年春来到。带着基层一线的民心民意，带着社会各界的众智众力，全国两会上，代表委员将共商发展大计、共议民生关切，亿万人民的所思所盼与全局大局的顶层设计，相互激荡，相映生辉。这份责任，沉甸甸！

《人民日报》（2025年03月03日第01版）

人大立法，基层的声音能被听到吗？

本报记者 徐 隽

> 每年全国两会，老百姓都很关心。我很好奇，人大在立法时，群众能参与多少？基层的声音，能被听到吗？
>
> ——人民网网友 13****6

这位网友很敏锐。全国两会召开，世界的目光聚焦中国。两会的很多话题中，"立法"广受关注。

全国人大及其常委会是我国的立法机关，制定法律是重要职责。基层一线的民意民声，能不能传到人民大会堂？这关乎国家的性质、立法的宗旨，关乎全过程人民民主重大理念的落实。

答案是肯定的。可以这么说，通过一整套科学的制度设计，人大立法，充分体现了科学立法、民主立法、依法立法，实现了广泛听取和充分吸收基层的声音。

先说第一步，立法项目的提出。

2024年，十四届全国人大二次会议期间收到代表议案298件，其中292件为法律案，也就是有关法律的立改废释纂的议案。

全国人大常委会在制定立法规划时，梳理研究代表提出的议案、建议，组织座谈会、论证会，充分发挥代表在立法规划编制中的重要作用。全国人大代表来自人民，基层的声音汇入了、推动着立法启动。

再看第二步，法律草案的形成。

很多人可能没想到，中学生的意见也能被吸收写进法律。新修订的未成年人保护法中有一条立法修改建议，就是华东政法大学附属中学的学生提出，由基层立法联系点上报，并被全国人大常委会法工委立法吸收采纳的。

基层立法联系点，作用有多大？

自 2015 年 7 月全国人大常委会法工委建立基层立法联系点以来，全国人大及其常委会制定、修改的法律中，超过 90% 的法律案征求过基层立法联系点的意见。

基层立法联系点已经成为新时代我国民主立法的"直通车"，吸纳民意、汇聚民智工作的重要机制，发展全过程人民民主的重要实践载体。

再举一个例子。被称为"社会生活百科全书"的民法典，与每个人息息相关。编纂过程中，立法机关先后 10 次通过中国人大网公开征求意见，累计收到 42.5 万人提出的 102 万条意见建议。

最初的民法典草案里没有"人格权编"，许多专家学者、群众呼吁，网络时代更要加强个人信息和隐私权、名誉权等人格权保护。最终通过的民法典，篇章结构变化，人格权法单独成编，51 个条文，大大加强了人格权的保护力度。

还有第三步，法律的出台。

一部法律草案，通常要经过全国人大常委会多次审议，有的还要由全国人民代表大会审议。

2015年全国两会时，有一个关于"税率"重回"税法"的故事。当年召开的十二届全国人大三次会议审议立法法修正案草案，代表们发现，草案三审稿删除了"税率"由法律规定的表述。

删除与否，为啥"较真"？

审议中，一些代表认为，"税率是税收的重要要素，如果税率不由法律规定，'税收法定'原则将大打折扣。"全国人大相关专门委员会在统一审议时，对代表提出的修改意见逐条认真研究，采纳了关于"税率由法律规定"的建议。

立法法，这部专门"管法的法"，以法治之力护航人民民主。其中规定，"立法应当坚持和发展全过程人民民主，尊重和保障人权，保障和促进社会公平正义。"

从提出立法项目，到形成法律草案，再到审议通过，来自基层的声音被听到、被重视、被吸收。这就是全过程人民民主的生动体现。

立法权是重要的国家权力。通过科学有效的制度安排，保证人民通过人民代表大会有效行使国家权力，保证国家和

| 读者点题·共同关注：打造开门办报新名片 |

民族前途命运牢牢掌握在人民手中。

这个春天，又有许多代表从基层带来了"冒热气"的立法建议，代表法修正草案也将在十四届全国人大三次会议上审议。

让我们共同关注，一起期待。

《人民日报》（2025年03月04日第01版）

今年GDP预期目标为何定在"5%左右"?

本报记者　刘志强

> 每年政府工作报告提出的GDP增速目标都很受关注。这个目标有啥作用？今年的预期目标为何定在"5%左右"？
>
> ——人民网网友12****2

正因事关发展全局、影响千家万户，GDP增速广受关注。我国也惯常在每年召开的全国两会上公布增速目标，今年是"5%左右"。这里，可从三个维度来理解这一目标的作用。

一是导向作用，将有力引导各方理性看待中国经济，形成良好预期。

市场经济和预期紧密相关。"5%左右"反映了政策制定者对中国经济走势的判断，也会在很大程度上影响内资外资、国企民企、生产者消费者的预期与信心。

2003年以来，除受疫情等影响较大的2020年外，我国均设定了年度经济增长定量预期目标。2020年至2022年，年均增长4.5%左右，2023年增长5.2%，2024年增长5.0%……近年来，中国经济始终"在轨运行"，"期末成绩"均符预期。

2025年设定"5%左右"的经济增速，同样是兼顾当前和长远、国内和国外、需要和可能、有利条件和不利因素作出的科学判断，体现了我们对经济长期向好前景的笃定。这一积极信号，有利于稳定社会预期、提振市场信心，增强投资、生产、消费的意愿，通过各方"心心相印"促进经济"欣欣向荣"。

二是牵引作用，将为实施宏观政策提供"准星"和"锚点"。

经济增长是关联性强的基础性指标。政府工作报告提出的预期目标中，除经济增速，还有就业、物价、收入、国际收支、粮食产量、单位GDP能耗等。多维指标指向多重目标，稳增长、防风险、惠民生、促转型，等等。在多重目标中寻求动态平衡，为的正是"质的有效提升和量的合理增长"。

预期目标"牵引"着宏观政策。2025年，我国经济仍面临不少困难挑战。实现目标，需实施更加积极有为的宏观政策。比如财政政策要"更加积极"，加大财政支出强度，提高赤字率。又如货币政策要"适度宽松"，使社会融资规模、货币供应量增长同经济增长、价格总水平预期目标相匹配。就业、产业、区域、贸易、环保、监管等政策亦如此。锚定目标、协同发力，调动丰富的政策工具箱，宏观调控的方向、力度、节奏会更"靠谱"，效果也会更给力。

三是激励作用，将有效调动各方面干事创业积极性。

目标是前行的动力。过高，可能导致"头脑过热""累觉不爱"，过低又会滋长"躺平"心态。"跳一跳、够得着"，才是最理想的状态，"5%左右"就是如此。一方面，符合中国实际，符合经济发展规律，实现起来有基础、有条件、有能力。另一方面，实现目标也非轻而易举。综合研判、系统部署，今年政府工作报告已经给出攻坚克难再向前的路线图和任务书。迎难而上，奋发有为，激活每一个"细胞"，汇聚每一束"光芒"，中国经济的发展潜力将进一步释放。

"GDP增速是国家考虑的事，跟咱老百姓有啥关系？"不少人有此疑问。

先别"划走"，且看分析：经济增速和千家万户的生活关系紧密着呢。

拿就业来说，一国经济只有保持一定增速，才能创造更多就业岗位，让百姓端稳"饭碗"。这两年，中国经济每增长1个百分点，能新创造约240万个就业机会。2025年，实现城镇新增就业1200万人以上的目标，要求经济增长"5%左右"。

再看教育。让孩子上好学、读好书，是每个家庭的共同愿望，这离不开教育经费的保障。今年初发布的《教育强国建设规划纲要（2024—2035年）》提出"保证国家财政性教育经费支出占国内生产总值比例高于4%"，这是支撑教育事业蒸蒸日上的关键。GDP 保持一定的增速和规模，孩子们能享受到更优质的教育。

同样，增加居民收入，呵护"一老一小"，改造老旧小区，提升公共服务，件件民生实事都离不开 GDP 增长。

"大河有水小河满"。在一个求真务实、积极向上的增速目标指引下，中国经济将在新一年持续回升向好，综合国力将稳步提升，老百姓的日子也会越过越好。当然，实现这个"5% 左右"的目标，也不是一件容易的事，需要我们付出艰苦的努力。"只要信心不滑坡，办法总比困难多。"

《人民日报》（2025 年 03 月 09 日第 01 版）

怎么看今年居民消费价格涨幅 2% 左右？

本报记者　刘志强

　　政府工作报告在今年发展主要预期目标中提出，居民消费价格涨幅 2% 左右。多年来，这一目标都是"3% 左右"，今年比往年有所下调，该如何看待这一调整？

——人民网网友 13****2

回答这一问题，先要了解居民消费价格指数（CPI）有啥意义。

价格，一头连着宏观经济，一头连着千家万户，是反映供求状况的"晴雨表"、引导资源流向的"风向标"、度量民生冷暖的"温度计"。

正因牵扯广泛、影响多头，反映物价水平的CPI通常要讲求一个"平衡感"，过高、过低都不好。持续大幅上升，会引发通货膨胀，抬升生活成本，减弱消费能力，阻滞经济增长。持续下降，又会影响实际利率，制约企业投资意愿，不利于居民就业和增收。更理想、更健康的状态，就是"温和上涨"。

再看过去几年我国CPI的表现，2021年至2024年，我国全年CPI涨幅分别为0.9%、2%、0.2%、0.2%。综合看，物价总体平稳。

其中有积极的一面。

这几年，得益于我国制造业"底盘坚实"、粮食生产"稳定发挥"、货币政策不搞"大水漫灌"，我们避免了一些发达经济体正在遭遇的高通胀。特别是柴米油盐、肉奶蛋禽等日常必需品价格平稳，没让百姓生活因物价走高而"打折扣"。

也要正视物价水平总体偏低的问题。

2024年CPI涨幅目标是"3%左右",实际增长0.2%。其成因是多方面的:看全球,受世界经济增长动能偏弱影响,国际大宗商品价格整体波动下行;看供给,一些行业和领域出现阶段性供大于求,部分企业"以价换量",乃至"内卷式"竞争;看需求,消费的能力和意愿还需进一步提升;看重点领域,房地产市场处于深度调整期……这些问题,是下行压力所在,也是物价持续低位运行的症结。

立足当前物价下行压力的现实,结合宏观政策总体目标,今年政府工作报告提出"2%左右"的CPI涨幅目标,体现了实事求是、切合实际、积极进取。这样一个务实目标,既能保障基本民生,又能稳预期、促投资、改善经济循环,推动经济持续回升向好。

物价在合理区间运行,我们有条件有能力也有基础。

先看政策力度。研读政府工作报告,一项项措施抓得准、力度大。比如,"大力提振消费""全方位扩大国内需求",有助于化解"供大于需"的矛盾。又如,"综合整治'内卷式'竞争",将使价格更好反映质量,防止"劣币驱逐良币"。再如,"稳住楼市股市",可以释放财富效应,更好提振消费。此外，财政、货币等宏观政策加大逆周期调节力度，也将改善供求关系，为物价温和回升提供保障。

再看市场热度。开年以来，物价运行已显积极信号。1月份，CPI环比由2024年12月持平转为上涨0.7%，同比由2024年12月的0.1%扩大至0.5%。2月份，受春节错月等因素影响，物价有所回落，但扣除春节错月影响，CPI同比上涨0.1%，物价温和回升的态势没有改变。此外，2月份，制造业PMI升至50.2%，重返扩张区间，证明产需明显改善。非制造业PMI、综合PMI等指数均处扩张区间，也显示经济景气水平有所回升，预示着总需求将逐步改善。

综合来看，提振消费是畅通经济循环的关键，也是物价温和回升的保障。其"逻辑链条"是：提振消费、优化供给——供求关系更加平衡——物价合理回升——企业利润改善、效益提升——创造更多就业、助力居民增收——消费能力提升——进一步扩大消费。我们有高质量的供给，有广阔的需求，有丰富的政策工具，就有足够的能力和条件打通经济循环堵点卡点，走好供与需的"平衡木"，进而实现增长稳、就业稳和物价合理回升的优化组合。

老百姓能消费、敢消费、愿消费，广大企业有合理收益，

| 读者点题·共同关注：打造开门办报新名片 |

就业收入有保障，居民生活有质量，是新一年中国经济致力达到的"健康态"。让我们共同努力。

《人民日报》（2025年03月10日第01版）

预付式消费总"踩坑",难题咋解?

本报记者　林丽鹏

　　今年全国两会有人大代表说:"预付式消费,我也踩过'坑'",我和我身边一些亲友也都有过类似经历。"3·15"又到了,我想问预付卡经营者卷钱跑路为啥一直存在?有没有办法根治?

——人民网网友49***4

这位网友说的问题，我也深有同感。

从几百元的理发卡，到上千元的健身卡、早教卡，我也踩过不少预付式消费的"坑"。我计算着商家的充值折扣，商家算计着我的预付金，卷钱跑路是少数，但碰上了就很闹心。

"踩坑"的人真不少。去年，仅上海市消保委系统受理预付式消费相关投诉就接近2万件，争议主要集中在"预付金额难以追讨""拒绝合理退费"等。

就在今年3月14日，最高人民法院发布了预付式消费民事纠纷相关的司法解释，明确收款不退、丢卡不补、限制转卡等"霸王条款"应依法认定无效，消费者自付款之日起7日内有权请求返还预付款本金。

预付式消费有其存在的合理性。

不少行业，餐饮、培训、美容美发、文化娱乐、体育健身，"充值越多，折扣力度越大"的营销手段很常见。比如，一节早教课售价300元，但购买"大课包"，一节课也就150元，诱惑不小。

经营者在开店初期，房租、装修、人工等投入很大，吸引消费者存入预付费，可以扩大客源，尽快回笼资金，减轻经营压力，还能确保后续有稳定的客流。消费者呢？有长期需要，遇到优惠，自然愿意掏腰包。

看似双赢，为何走不下去？问题出在预付资金监管乏力。中消协分析去年全国受理投诉情况，发现在各种预付式消费问题中，资金安全风险最为突出。经营者回笼了资金往往就支付了各项费用，有的想扩大经营，摊子越铺越大，入不敷出；有的对市场判断失误，后续客源跟不上，资金链断裂。

预付资金监管少，违法成本低，经营者遇到困难，卷款跑路、单方违约，也就不足为奇了。近年来，预付式消费市场还出现了"职业闭店人""背债人"帮经营者逃债的现象，这不仅损害消费者权益，更是对社会消费信心的打击，必须严惩。

预付式消费并非没人管。

早在2012年，商务部就公布了《单用途商业预付卡管理办法（试行）》。在地方监管实践中，不同行业，主管部门也有所不同。比如，文化艺术类校外培训由文旅部门监管，体育健身行业由体育部门监管，学科类校外培训由教育部门监管，托育则由卫生健康部门监管，零售业、住宿餐饮业和居民服务业由商务部门监管。

多个部门管不好一张预付卡，为啥？

"九龙治水"，效果当然不佳。

比如，市场监管部门接到消费者投诉举报最多，但预付卡商家都有自己的行业主管部门，需要由行业主管部门开展消费维权工作。同时，不同行业商家发卡要求不同，有的需要备案，有的没规定备案，市场底数很难摸清。行政部门调查手段和惩戒手段又明显不足，大量预付款游离在监管之外，"资金池"成了"风险点"。

实践在破题，北京、上海、甘肃出台了相关管理条例。技术来赋能，上海探索运用区块链、人工智能管理预付式消费。哪些商家进行了资金监管，信用记录良好，扫码一查，一目了然；商家出现经营问题，平台能及时预警。

今年全国两会上，有代表建议加快制定预付式消费专门的行政法规，细化经营者法律责任。

话说回来，监管不能包治百病，咱自个儿也要提升消费素养。消费时要有风险意识，运用知识、经验评估选择，理性决策。天上掉下来的"馅饼"往往是陷阱，多点"避坑"意识没坏处。

消费一头连着经营主体，一头连着千家万户。不能让一张预付卡"卡"住消费信心。多部门形成合力、共同努力，才能有效治理预付式消费乱象，让预付安心，消费舒心。

《人民日报》（2025年03月15日第01版）

生成式人工智能爆发，未来"人工"会被取代吗？

本报记者　智春丽

> 写诗写得比我好，画画水平比我高，能剪视频，能做PPT，最近人工智能是真"能"了，我想知道：未来我会被AI取代吗？
>
> ——人民网网友 15*****7

| 生成式人工智能爆发，未来"人工"会被取代吗？ |

这个问题，问出了很多人的好奇和担忧。刚刚闭幕的全国两会上，从会场到驻地，代表委员们也议论风生。

我向 DeepSeek 求证——"你被问最多的关于人工智能的问题是什么？""AI 会取代人类的工作吗？"位列榜首。

其实，这不是新问题。人类对人工智能有多少好奇，就有多少忧虑。当前，生成式人工智能爆发，AI 如同水电一样成为智能生活的基础设施，让老问题有了新的紧迫感。

人类如何看待 AI，如同一面镜子，映照着对自身的认知。对 AI 的焦虑，很大程度源自不了解。我们不妨先弄清楚：AI 到底是什么？

从技术实现看，与其说现在的 AI "像人一样思考"，不如说它是"会学习的机器"。

上世纪 50 年代以来，科学家想了很多办法，试图让计算机具备人的感知与认知智能，但收效不大。近年来，大数据驱动的深度学习、机器学习取得重大突破，其底层逻辑不是模仿人脑运作，而是基于数据的统计建模。

以写诗为例，春花秋月、格律平仄，在人心中是感动和审美，在 AI 那儿就是一通"暴力计算"，根据概率输出字符组合。AI 更像是升级的"工具箱"、个人能力的"扩展包"，大可不必将 AI 人格化。连小学生都知道，"我又不是只会学习的机器"。

搞清楚"是什么"，再来说"怎么办"："人工"会被 AI 取代吗？

某些领域，可能会。放眼身边，AI 司机、AI 主播、AI 助教、AI 医生悄然上岗。推理大模型有问必答，机器狗"挑山工"健步如飞，AI 巡检机器人"上天入地"，情绪稳定不怕累，"人工"难以望其项背。

某些领域，又不会。AI 只是工具，人独特的感知、判断、审美是难以替代的。与此同时，旧岗位减少，也伴随着新业态、新岗位的诞生。历史上，汽车取代马车、印刷术取代抄写，短期内有人失业，长远看新就业机会是原来的千万倍。

AI 将带来哪些机会？

《政府工作报告》里有答案：持续推进"人工智能+"行动，将数字技术与制造优势、市场优势更好结合起来，支持大模型广泛应用，大力发展智能网联新能源汽车、人工智能手机和电脑、智能机器人等新一代智能终端以及智能制造装备。

开源大模型，圈粉！机器人 720 度回旋踢，丝滑！

2025年刚刚过去两个多月，我们就感受到中国 AI 创新的"酷炫"。两会上代表委员纷纷献策：加强智能养老机器人研发与应用，将人工智能纳入教育培养体系……"人工智能 +"赋能千行百业，已然动起来、跑起来。

曾经在蒸汽革命、电气革命中错失机遇的中国，这一次，看得够深、够远。"人工智能是新一轮科技革命和产业变革的重要驱动力量"，顶层设计将人工智能作为战略性产业，从未来产业布局到算力部署、场景落地，稳扎稳打。同时，充分认识其技术与伦理风险，确保 AI 向善，未雨绸缪。

科技向善，本质上是给每个人创造更多机会。

在这片孕育了 5000 多年文明史的土地上，近 2.5 亿用户热情拥抱生成式 AI，人工智能核心产业规模近 6000 亿元。芯片、算法、数据、平台、应用，产业链每个环节都是创新创业的赛道。

代码闪烁，如同蝴蝶扇动翅膀，为人类认知新世界投下美丽涟漪。未来可期，人永远不可能被 AI 完全替代。

写到这儿，我又去问 DeepSeek：与 AI 相比，人的竞争力在哪里？DeepSeek 回答：

| 读者点题·共同关注：打造开门办报新名片 |

人工智能是理性的延伸，而人类是感性与理性的交响。

危险的不是机器像人一样思考，而是人像机器一样工作。

开启人机协作，你准备好了吗？

《人民日报》（2025年03月17日第01版）

如何看前两月"发展态势向新向好"?

本报记者　刘志强

近日，今年前两月经济数据发布，国家统计局新闻发言人概括为"发展态势向新向好"。这意味着什么？我们应当如何看待？

——人民网网友 18********6

"十四五"规划收官之年,中国经济以什么样的姿态开局起步,社会关注,中外瞩目。细读前两月"成绩单",中国经济发展态势向新向好。

先说"新"在哪儿?

新质生产力成长壮大,经济运行起步平稳,中国创新正经历密集井喷。DeepSeek横空出世,全球关注;《哪吒之魔童闹海》火爆"出圈",跻身全球电影票房榜前五;300多家中国企业亮相世界移动通信大会,无人车、机器人等产品酷炫登场……"全球创新版图的重要一极",每天都在创造新的惊喜。

高端化、智能化、绿色化转型加快,新动能拔节生长。动车组64%,民用无人机91.5%,新能源汽车47.7%……前两月,不少高技术产品的产量实现两位数增长。产学研用协同,供给需求共舞,数字经济、绿色经济蓬勃发展。

再看"好"在哪儿?

消费市场让人看到中国经济的多维活力和市场暖意。前两月,社会消费品零售总额同比增长4%,比上年全年加快0.5个百分点。春节假期国内旅游出行人次同比增长5.9%,手机、智能家电、平板电脑,升级类产品广受青睐,聚餐、旅行、观影，服务消费如火如荼，文化 IP、汉服旅拍、低空旅游，青年消费、新型消费绽放活力……商品消费、服务消费呈现供需两旺，外媒评价："中国零售业的年初表现令人惊喜"。拥有 14 亿多人口，中等收入群体持续扩大，一个容量大、梯次多、纵深广的超大规模市场，正加快释放巨大潜力。

运行良好。前两月，不只是社会消费品零售总额，规上工业增加值、服务业生产指数、固定资产投资等增速均快于 2024 年全年，制造业投资、基础设施投资均保持较快增长。楼市股市也不"含糊"：重点城市房价回稳继续显现，沪深两市成交量、成交金额较快增长。从供给端到需求端，主要指标均释放浓浓暖意。

预期向好。2 月份，制造业 PMI 为 50.2%、比上月上升 1.1 个百分点，企业生产经营活动预期指数为 54.5%、处于景气区间，消费者信心指数比上月高 0.9 个百分点、连续 3 个月回升，证明企业和消费者的预期在好转、信心在增强。挖掘机销量、零售业景气指数、中小企业发展指数等先行指标也都信号积极。最近，国际货币基金组织上调了对 2025 年、2026 年中国经济增长预期。

"向新向好",三个角度可以观察。

底盘稳。今年以来,世界经济复苏缓慢,单边主义、保护主义加剧。我国货物出口总额前两月依然增长3.4%,集成电路、汽车等机电产品出口持续增长。外贸韧性背后是"硬核实力":有供需两端优势,有丰富人力人才资源。

办法多。以旧换新政策加力,市场反馈效果给力:截至3月18日,我国电动自行车以旧换新共交售旧车、换购新车各204.4万辆。"办法总比困难多。""两新"政策加力扩围、民营企业座谈会召开、提振消费专项行动实施,更加积极的财政政策和适度宽松的货币政策逐步落地,"长远规划、科学调控、上下协同的有效治理机制"高效运转,支撑中国经济平稳运行。

路子正。既追求"量的合理增长",也强调"质的有效提升",这些年,中国经济始终在高质量发展轨道上稳健运行。扩大国内需求,推动科技创新和产业创新融合发展,稳住楼市股市……《政府工作报告》目标明确,今年经济工作任务清晰、措施得当。统筹推进、协同发力,形成共促高质量发展的强大合力。

对劈波斩浪、奋楫前行的中国经济来说,"向新向好"

意味着什么？

一是很不容易。有外媒说，中国"开年经济数据出人意料地强劲"。在外部不利影响加深、上年同期基数较高的条件下，前两个月"向新向好"的良好开端，为一季度乃至全年的"好收成"奠定了较好基础。

二是还须努力。当前，外部环境更趋复杂严峻，不稳定不确定因素较多，国内需求偏弱等问题尚待有效化解。实现今年"国内生产总值增长5%左右"的预期目标，我们还要付出艰苦努力。当务之急，抓住经济回升时机，拿出更加强烈的担当、更加积极的作为，把各方面积极因素转化为发展实绩。

坚定信心、苦干实干，稳中求进、善作善成，我们一起，决胜"十四五"。

《人民日报》（2025年03月20日第01版）

人工林面积世界第一，为啥还要年年植树？

本报记者　董丝雨

　　看到一组数据：目前，我国人工林面积世界第一，贡献了全球约 1/4 的新增绿化面积。我们都有这么多树了，为啥还要年年植树？

——人民网网友 18****6

这位网友对生态问题很关注，本身就说明生态文明理念走进人心。

去年底，塔克拉玛干沙漠系上"绿围脖"的消息刷屏。中国人植绿治沙有多拼，有了更具象化的答案。

这些年来，我们坚持植树造林，成绩显著。全球森林资源增长最多、人工林面积最大，森林面积和蓄积量持续"双增长"……

看到这样的成绩，难怪网友会疑惑。

在植树造林这件事上，还真不能"躺平"。为何这么说？3个角度来理解——

首先，人工林面积第一，不等于森林资源家底厚实，我国缺林少绿问题仍然突出。

先看总量。尽管咱们的森林覆盖率已超过25%，比1981年的12%增加了一倍多，但对比全球31%的平均数，还有差距；人均森林面积也只有世界平均水平的约30%。我国木材对外依存度，长期在50%左右的高位。

再看分布。受气候条件、地理环境影响，我国森林资源主要集中在东北、南方。西北干旱少雨，水资源短缺，绿化难度大、成本高、周期长。

其次，人工林的"体量"有了，但增强"体质"还有很大空间。

分享两个概念："天然林"和"人工林"——这是我国森林的两种主要类型。天然林是自然形成的，生物多样性丰富，生态系统稳定性强；人工林则是通过人工措施形成的森林，生长快、开发方便。

不过，由于历史原因，我国天然林一度被过度采伐，森林再生能力"元气大损"。而大面积增加的人工林，为了追求速生丰产，大多数是单一树种，抵御自然灾害能力较弱，需要通过林分结构调整、补植乡土珍贵树种等手段提高质量。

第三，植树造林，种下的不仅是树苗，更是发展优势和后劲。

一棵树、一片林的价值有多大？

森林是陆地生态的主体，人类生存的根基。除了净化空气、保持水土、防风固沙，森林还集水库、粮库、钱库、碳库于一身，是不折不扣的大宝库。

绿水青山就是金山银山。依托森林宝库，咱们的木竹加工、森林食品、林下经济、生态旅游4个支柱产业的年产值都已超万亿元。还有林草年碳汇量也超过12亿吨二氧化碳当量，居世界首位。生态美、产业兴、百姓富，未来还得把这座金山银山做得更大。

植树增绿，改善生态，每个人都是受益者，好处在当下，更在未来。关键是持续种树、科学植绿，数量质量都要管，存量增量一起抓。

那么，这棵树该怎么种？

不同地区，绿化"主攻方向"不一样。三北地区生态脆弱，就得科学扩面增绿，筑牢生态屏障。森林覆盖率高的地方，转变观念，就存量调结构、提质量。"寸土寸金"的城市，"见缝插绿""拆围补绿"，用"微改造"优化人居环境。

国土绿化是国家"大工程"，也离不开咱每个人。

植树造林、保护森林，是写入森林法的公民义务。义务植树运动开展40多年，尽责形式已拓展到8大类50多种，既能"直接参与造林绿化"，也可通过认种认养、捐资捐物等形式"间接履行植树义务"。

"没时间种？""不知道去哪种？"互联网赋能，"码上尽责""云端植树"便利畅通。林草部门加强管护，努力确保种一棵活一棵、造一片成一片。

| 读者点题·共同关注：打造开门办报新名片 |

"一茬接着一茬种，一代接着一代干"，持续增厚的"绿色家底"，为发展攒足后劲；山清水秀的生态空间，为子孙搭起福荫。

《人民日报》（2025年03月22日第01版）

"好房子"长啥样？我们何时能住上？

本报记者　丁怡婷

今年的《政府工作报告》提出，推动建设安全、舒适、绿色、智慧的"好房子"。听着挺心动，但"好房子"长啥样？普通家庭何时能住上"好房子"？

——人民网网友 13***0

安居才能乐业。这些年，老旧小区改造让不少城市居民告别大杂院、筒子楼，住上小高层、电梯房，居住条件不断改善，但很多住房仍存在隔音差、层高低、卫生间反味等问题。一句话，舒适度有待提升，"现代感"还不够强，离"好"尚有差距。正因如此，今年首次写入《政府工作报告》的"好房子"引发了不少关注。

"好房子"，长啥样？

《政府工作报告》画了像："安全、舒适、绿色、智慧"。

眼下，住房城乡建设部正组织编制《好房子建设指南》，修订《住宅项目规范》，其中一项"将住宅层高标准提高到不低于3米"得到网友点赞。过去，许多房子层高仅有2.6米、2.7米，再加上后期地板、吊顶等装修，空间更显局促。调高层高，有助于住宅通风、采光，也便于安装新风系统、地暖等设备，让居住更舒适。

再比如，一些地方针对"好房子"制定技术要点，符合相关要求的邻里共享公共空间、风雨连廊等不计入容积率，补充公共服务功能，营造多样化生活场景。

"好房子"，我们何时能住上？

保障房正在盖。住房城乡建设部负责同志明确表示，各地首先要把保障房建成"好房子"。当前，不少地方将保障房优先安排在交通便利、公共设施较为齐全的区域，室内家具家电一应俱全，装修材料安全环保，价格比周边同品质住房更优惠，为的就是让在城市打拼的新市民、青年人等群体安居乐业。

老旧小区正在改。"好房子"未必是新房子。因地制宜实施改造，更多老房子会变成"好房子"。城市更新，给"好房子"建设提供了实践场景，推动老旧小区从环境、楼道、外立面改造向室内品质提升、公共服务完善等方面延伸。比如，优化户型设计、增大厨卫空间，运用同层排水技术、减少上下层噪声，安装电梯，增补托育服务设施等。住房城乡建设部表示，2000年以前建成的城市老旧小区都将纳入改造范围，空间广阔得很。

建设"好房子"好处多，能够释放内需潜力、带动产业发展。

先说内需潜力。在房地产市场供求关系发生重大变化的背景下，推进"好房子"建设、增加优质供给，将带动更多改善性需求入市，提振住房消费，推动房地产市场进一步回稳。不仅如此，"好房子"建设也将带来大量旧房改造、适老化改造等装饰装修需求，进一步激发内需潜力。

再看产业发展。建筑业是国民经济重要支柱产业，产业链长、涉及面广、关联度高。"好房子"建设，涵盖设计、建造、使用、服务等各环节，能有效推动产品体系和服务模式创新，有力带动上下游产业发展。保温、防水的高性能材料，缩短工期、便于维保的装配式装修，自动调节室内环境的智能家居，便民菜店、托儿所、保洁维修等配套服务，都将成为拉动经济增长的新动能。

而对已告别"高负债、高杠杆、高周转"模式的房地产企业来说，建设"好房子"也将开启新的发展空间，助推企业转向更加追求高质量、新科技、好服务的"新赛道"。

建设"好房子"，涉及好设计、好材料、好建造、好服务，是一个系统工程，需要社会各方共同参与、共同努力。随着建筑业持续向工业化、数字化和绿色化转型，材料、建造等环节有望进一步降本提质，能大大降低"好房子"建设成本。普通家庭住"好房子"，就不会太遥远。

期待市场多一些温暖人心的"好房子"，万家灯火处，安居乐业图。

《人民日报》（2025年03月23日第01版）

"内卷式"竞争为啥不可取?

本报记者　屈信明

"综合整治'内卷式'竞争"写进今年的《政府工作报告》。最近常看到部门地方、行业企业反"内卷"的报道,也有人说,市场"卷"起来,价格降下来,消费者不就受益了吗?为啥要整治"内卷式"竞争?

——人民网网友

市场经济，竞争本是常态，也是发展动力。拼产品质量、抓前沿技术、优经营管理……良性竞争行为、良好市场氛围，有利于企业创新进取、交流互鉴，实现要素优化配置、行业高质量发展。

"内卷"让竞争变了味儿。

设想一种场景：满座的电影院，第一排的人站起来，会发生什么？

后排观众纷纷起立，所有人累得够呛，电影并没有更精彩。站着看与坐着看相比，观影效果没变好，观影成本增加了，更主要的，观影秩序扰乱了。

一个行业、一个领域，哪怕资源有限、市场饱和，仍有各路人马前赴后继地进场，为争资源、抢市场，打"价格战"、"卷"供应链、"井喷"铺店。甚至，企业费力气"站起来"，只为阻挡他人。

这样的竞争，往往多败俱伤——经营主体成本增加，行业整体效益下滑，长远健康发展受损打折。

以"新三样"为例，一方面快速发展，一方面"内卷"显现。去年，总体上看，我国光伏产业链主要环节产量持续增长，产品招牌擦亮，但部分环节亏损运行。新能源汽车产业方兴未艾，同时，去年1至11月汽车行业利润率相对偏低，链上部分企业增产不增收。

多败俱伤，为何还要"卷"？归根结底，技术创新不足导致过度同质化竞争。几家东西差不多，压价争夺消费者；利润空间受挤压，进一步影响企业研发投入、阻碍创新发展。

有消费者觉得，企业"卷"，卖家亏、买家赚，还是有"甜头"的。事实如此吗？

"甜头"过后或有"苦果"。企业让利，短时间内固然能使消费者得实惠。然而，如果企业一门心思"卷"价格、不惜"亏本赚吆喝"，没了财力精力谋创新、促转型、优质量，这样的生意难以长久，终会影响消费者利益。

从经济发展视角看，"内卷式"竞争更不可取。

人、财、物资源过度集中在某些行业，简单重复建设，边际效益递减，甚至出现负收益。这些资源如果用于研发创新与技术进步，开辟新赛道、发展新优势，本可产出更多优质供给、激发更多有效需求，成长出更多优质企业，增加更多民生福祉。

整治"内卷式"竞争，部门地方怎么办？

出实招，推动"存量博弈"转向"增量创造"。通过政策激励、优化营商环境，为全社会创业创新创造营造稳定公平透明、可预期的环境。

出硬招，推动"政策洼地"变身"开放高地"。开放也是重要的营商环境，加快建设全国统一大市场，坚决破除地方保护、市场分割。

出好招，推动"一哄而上"成为"各展所长"。因地制宜发展新质生产力，合理规划产业布局，避免热门赛道涌入过多"运动员"。

跳出"同质化"泥沼，微观主体怎么干？

反"内卷"不是鼓励"躺平"。恰恰相反，要下大力气转变发展理念，锤炼过硬本领，强化创新驱动，加快转型升级。

市场在变、需求在变，加大创新投入，打破路径依赖，才会柳暗花明、别开生面。"低价"应有"底价"，更要有"底线"，有力维护市场秩序，才能实现自身盈利、打造行业红利。

近段时间，国家发展改革委等部门表示积极化解一些行业供大于求的阶段性矛盾；中国光伏行业协会呼吁强化行业自律，提出不进行低于成本的销售与投标等；新能源汽车企业纷纷发声，要比智能化、安全性，提升国际市场竞争力……

发展新质生产力是推动高质量发展的内在要求和重要着力点。推动产业转型升级是高质量发展的重点工作。

一句话，练好"内功"，拒绝"内卷"。市场有秩序，企业有未来，消费者得实惠。这，才是我们追求的高质量发展。

《人民日报》（2025年03月28日第01版）

现象级创新，中国后劲如何？

本报记者　喻思南

> 最近出现了一批创新创造成果，DeepSeek、"杭州六小龙"等火出圈。这种创新势头会持续多久？创新后劲究竟有多强？
>
> ——人民网网友 13***0

DeepSeek、人形机器人、《哪吒之魔童闹海》，提到近期这些现象级创新，很多人爱用一个词：横空出世。

果真如此吗？

来看事实：《哪吒之魔童闹海》五年磨一片，有的镜头耗时八九个月；宇树机器人惊艳亮相春晚，工程师精心调试3个月，这背后是10多年的技术沉淀；DeepSeek成立仅两年，但骨干人员追踪人工智能前沿将近20年。

"杭州六小龙"等初创企业的孕育也不是一朝一夕。拥抱新事物，不搞"一窝蜂"，认准正确的事，就坚定不移干。聚集人才、实验室等资源，打造"热带雨林"生态；鼓励企业探索和试错，推出无抵押的科技金融产品；培育"无事不扰、有求必应"的营商环境。持之以恒，"潜龙"终变"小龙"。

一鸣惊人，还得益于科技创新和产业创新的持续布局、深度融合。拿人工智能来说：出台国家级规划，开展"人工智能+"行动，发布应用场景，促进技术加速迭代。加强人才培养，支持企业、高校院所共建实验室，组合拳精准有力。截至去年6月，我国人工智能核心产业规模近6000亿元。创新"土壤"肥沃，大模型、机器人顺势"生长"。

由此观之，看似横空出世的创新，背后离不开自身努力、生态培育、政策助力，是各类创新要素日拱一卒、日积月累、同频共振的结果。

网友问"这种创新势头会持续多久"，道出对我国科技创新的关注。

看现实：DeepSeek 一马当先，并非一骑绝尘，多个国产人工智能大模型争奇斗艳、各擅胜场。人形机器人也不止一家火爆，在机器人产业领域，我国目前有超 19 万项有效专利，差不多是全球的 2/3。另一个注脚是，全球百强科技创新集群数，去年我国蝉联世界第一。在不同的领域，越来越多的中国创新者正向金字塔尖迈进，不是"一枝独秀"而是"春色满园"。

杭州"六小龙"，成都"哪吒"，深圳华为、比亚迪，北京中关村，长三角 G60 科创走廊，合肥科学岛，武汉光谷……放眼中国的创新版图，到处有热门"打卡"地。

"杭州六小龙"火出圈后，不少城市纷纷求解孕育创新的密码。有外媒说，如今中国地方政府把改善营商环境变成了一场"你追我赶的友好竞赛"。

现象级创新，后劲从哪里来，未来向何处去？不妨从 3

个视角来观察。

制度优势挖掘潜力。研发投入年年涨，高素质人才队伍在壮大，科技成果转化越来越顺畅，民营企业的创新作用越来越凸显……坚持不懈推进创新，哪里有短板，就瞄准哪里发力。沿着对的趋势和方向持续努力、快马加鞭，10年间我国的全球创新指数攀升至第十一位，是创新力提升最快的经济体之一。

创新文化孕育动力。翻开今年的《政府工作报告》，"创新"是高频词。教育、科技、人才一起抓，传承中华优秀传统文化，汲古润今，创新这个"中华民族最深沉的民族禀赋"正不断被激发。成长于平视世界的年代，年轻一代底子更好、视野更开阔、心态更从容。

攻关历程淬炼自信。《黑神话：悟空》火出圈后，有网友留言：西天取经，最可贵的不是经书，而是经历，是唐僧师徒走过的九九八十一难。从研制"两弹一星"到打造中国核电、中国高铁、中国飞机，直面挑战，自立自强，时与势在我们这边。

说到这里，不禁想起一个场景。美国纽约的一家影院里，在漫威人物与哈利·波特之间，出现了《哪吒之魔童闹海》的海报。这是一个饶有趣味的意象：在全球创新舞台上，中国创新就像哪吒一样生气勃勃地闯进来，走到聚光灯下。

自立自强，和合共生，中国创新是开放、包容的。绵绵用力，久久为功。暴风雨最猛烈的地方，将会是"哪吒闹海""一飞冲天"的舞台。

《人民日报》（2025年03月31日第01版）

"以旧换新"后,旧的去哪儿了?

本报记者　华璐月

"以旧换新"政策让老百姓得了实惠,但淘汰的旧手机、旧家电、旧汽车会不会变成"电子垃圾"?旧物回收处理到底安不安全、靠不靠谱?

——人民网网友 15****7

这位网友的提问，既是民生新热点，又是绿色发展新业态。几天前，记者从中国资源循环集团有限公司获悉：中国资环手机安全回收处置示范项目已完成试运行，开始面向省会城市开通手机安全回收处置服务，消费者可通过"芯碎无忧"小程序下单。

手机回收，靠谱吗？不妨从一只旧手机的回收旅程讲起——

手机等数码产品纳入国补范围后，上海市民张女士购入一部新手机，旧手机交给了家门口的回收门店，当天即被运往当地一家具有废弃电子产品拆解处理资质的企业。自动化分拣线上，红外光谱仪为机身进行"全身体检"，分析其金属含量："主板含银量0.19克、铜25.8克、钯0.015克，符合二次利用标准。"当主板被送入熔炼炉，还逐渐析出了0.034克黄金。与此同时，塑料外壳粉碎后进行再生造粒，可用于制作托盘等木塑复合材料制品；微型听筒经过声学测试，将被送入助听器工厂，帮助听力障碍者重建声音世界……这只旧手机"变身"为其他新产品的原材料，重新进入人们的生活。

这样的技术变革和产品转化并非孤例。国家发展改革委和商务部数据显示，2024年废旧家电回收量超63万吨，同比增长14.83%，废旧家电规范化拆解数量同比增长超20%；报废汽车回收量达787.2万辆，同比增长70.7%。

"以旧换新"带动了回收和拆解量的双增长，但更深层的追问在于：下大气力回收这些旧物，划算吗？

我们来算三笔账。

先说环保账。1吨旧手机能累计提取约400克黄金；一台报废汽车可回收钢铁约800公斤、有色金属约40公斤；每回收1吨废旧家电，拆解出的再生资源能够减少二氧化碳等温室气体排放约4.7吨。这些数据背后，是循环经济对"双碳"目标的直接支撑。

再看经济账。我国资源循环利用产业已带动就业超3000万人。浙江台州"金属再生基地"的实践更具说服力：通过拆解废旧机电，当地形成包含100余家企业的产业集群，再生金属产业规上工业产值达189亿元，成为落实《关于加快构建废弃物循环利用体系的意见》中"培育壮大资源循环利用产业"要求的典型案例。

还有安全账。实时监控运输、销毁全流程并向消费者公开，中国资环手机安全回收处置示范项目"全程有痕"确保个人信息安全。这种安全闭环，恰是"统筹发展和安全"的生动实践。

划算归划算，回收有梗阻。比如，旧物回收不方便，家门口没有回收点；正规回收价格低，宁愿卖给街头商贩；企业技术参差不齐，再生材料品质不稳定等。

打通梗阻，得有诚意——

北京推行"e回收"平台，市民扫码预约、在线估价，旧家电回收"一键上门"；广东将回收网点纳入城市一刻钟便民生活圈；安徽要求商户提供家电送新、收旧、拆装一站式上门服务，农村地区全覆盖。一句话，便利才有人气。

企业也没闲着。二手电商平台闲鱼推出碳积分账户，回收旧物可获得碳积分并兑换权益；格力电器建立废旧家电逆向物流回收平台，截至2024年底转化再生铜料、铁料、铝料等80余万吨……

今天，我们关注"以旧换新"后旧物去哪儿了，既反映了我国拥有超大规模市场的换新需求，也体现了全球最完整产业体系的循环能力。说到底，还是新发展理念对构建现代化经济体系的战略引领。

向"新"而行，关键在"循环"。

今年的《政府工作报告》提出"加快经济社会发展全面绿色转型",强调"加强废弃物循环利用,大力推广再生材料使用"。废旧物资从"鸡肋"变身"富矿",循环经济由"可选项"升级"必选项",在这场从理念、技术到服务的系统性变革中,中国经济的含绿量、含金量、含新量正同步跃升。

《人民日报》(2025年04月08日第01版)

今天，我们需要什么样的企业家？

本报记者　韩　鑫

> 网上有人说，企业家、企业家精神是西方经济学的概念，中国缺少真正意义上的企业家、经理人。今天，我们需要什么样的企业家？
>
> ——人民网网友 19****5

"我们需要什么样的企业家",透出一种"真关注"。回答这个问题,不妨先从之前全网刷屏的一个画面说起。

2月17日,民营企业座谈会在北京召开。当镜头扫过会场,不少熟悉的企业家进入眼帘。

他们当中,有来自改革开放大潮的老一辈企业家,也有成长于新时代的新生代创业者;有在传统行业深耕细作的"领军人",也有在新兴产业崭露头角的"潜力股"……这一刻,传统与新兴同台,老将和新锐同框,中国的企业家队伍不仅规模可观,且正不断壮大。

进一步看,当我们在关注这些企业家时,不只有那些创业兴业的传奇故事,更有奋斗与成长背后的那股"精气神"。

心无旁骛,向新而行。深耕动力电池领域,王传福带领比亚迪研制"刀片电池";长期坚持自主研发,宇树科技创始人王兴兴让人形机器人成功"破圈"。

自强不息,兼容并蓄。任正非带领华为踏上自立自强之路;专注智能语音,刘庆峰创办的科大讯飞成果频出。

回报社会,实业兴邦。韦尔股份创始人虞仁荣捐资在家乡宁波筹建东方理工大学;刘永好带领新希望集团培养近9万名新农人。

……………

企业、企业家不是舶来品。《清明上河图》描摹北宋商业活力,徽商晋商刻录古人信义为本传统。100多年前,民营企业家张謇兴实业、办教育、做公益,躬身践行"经世济民"义利观。40年前,改革先锋张瑞敏砸醒了海尔人的"质量意识"。如今,80后梁文锋带领人工智能企业深度求索(DeepSeek),把开源模型做到全球领先……植根于丰富的具体实践,滋养于深厚的中华优秀传统文化,企业家精神历经岁月洗礼,日益饱满丰盈。

中国的企业家群体在民企,也在国企。荣毅仁在国内兴办实业、广泛开展中外合作,将中信公司建成综合性跨国企业集团,满怀赤诚立志报国;许立荣积极推动远洋运输体制改革,带领中远海运巨轮驶向国际航运市场……新时代以来,高素质的国有企业管理人员不断开创国有企业发展新局面,成为壮大综合国力、促进经济社会发展、保障和改善民生的重要力量。

今天,百年变局加速演进,科技变革方兴未艾,无论"逆水行舟"还是"大河行船",构建新发展格局、推动高质量发展、推进中国式现代化建设,都格外需要赓续、弘扬企业家精神。

今天，精神焕发的中国企业家不会"独行"。

从"进一步深化国资国企改革"到"切实依法保护民营企业和民营企业家合法权益"，从加快建设全国统一大市场到推进民营经济促进法立法……一项项举措破藩篱、优机制、激活力，万千企业"成长在中国希望的田野上"。

2024年，我国经营主体数量近2亿户。有优秀传统的浸润，有改革开放的洗礼，有新时代的滋养，有法治中国、创新中国的支撑，广大经营主体安心经营、放心投资、专心创业，对中国经济投出"信任票"，传递希望和信心。

这是一个企业家大有可为也必将大有作为的时代。中国企业家将在新时代伟大变革中厚积薄发、焕新出彩。

《人民日报》（2025年04月19日第01版）

花粉过敏增多，如何看待城市绿化"成长的烦恼"？

本报记者 陈 娟

> 这几年春天，感觉身边花粉过敏的人多了起来，这是怎么回事？有什么办法解决？
>
> ——人民网网友 13****7

借着这位网友的问题,和大家聊聊花粉过敏吧。

植树造林、绿化祖国已经成为全社会自觉行动,在人们享受身边绿化成果的同时,每当春暖花开,过敏也会成为热门话题。

不仅是花粉,杨柳树的种子、悬铃木的果毛等形成的飞絮,可能携带过敏原,也给人们带来困扰。以北京为例,以前种的树有不少进入成熟期,在繁殖期花粉传播力增加,过敏原也随之增多,这是城市绿化率提高带给我们"成长的烦恼"。

应对过敏,人们想了不少办法,比如喷水、修枝,加大科技攻关等。一些地方的园林部门会给杨柳树雌株注射抑制剂来减少飞絮,虽然耗费人力物力,但地方政府仍在不断加大力度,多方施策治理。

"花粉飞絮真烦人,不能把这些树砍了吗?"

这还真不能一砍了之。

早些年,受自然条件和经济条件制约,一些城市能选择的绿化树种并不多。在北京,松柏杨柳生态适应性强,是增加城市绿量、改善生态环境的"功臣"。在上海,悬铃木生长速度快、净化空气效果好,对于城市生态也是"功大于过"。不能因为花粉和飞絮多，就否定它们的功劳。

再来看可行性。一方水土养一方树。松柏杨柳之于北京，悬铃木之于上海，是几代人因地制宜的选择，为城市绿化、百姓生活带来的好处，并没有那么容易割舍。

这是城市绿化的辩证法。如今，松柏杨柳已成为北京重要的绿化树种，悬铃木也是上海栽种最多的行道树之一，要将这些树都砍掉、换树重种，再等着它们长大，不太现实。为从源头上减少过敏原，北京、上海等地在规划种新树时，对致敏树种尽可能控制。当然，最终见成效，还得有个过程，慢不得也急不得。

可见，花粉过敏，是城市绿化进程中"成长的烦恼"。

世界上很难找出第二个大国，像中国一样重视植树造林。有两个25%，能展现中国绿化成就：目前我国森林覆盖率超过25%，贡献了约25%的全球新增绿化面积。树多了，花粉飞絮会随之增加，在人口集中的城市，过敏的概率也就越大，"成长的烦恼"就越凸显。

"既然已经种了这么多树，又有这么多人过敏，能不能少种点？"

目前来说，还不能。

一方面，生态环境持续改善，人民群众感受最直接最真切。今日中国，天更蓝、地更绿、水更清，多年努力换来的城乡居民生态幸福感，当倍加珍惜。

另一方面，目前我国林草资源总量仍然不足，质量效益仍不够高，地区分布也不均衡。美丽中国建设，还需久久为功，争取一年干得比一年好。

"成长的烦恼"，不只出现在城市绿化领域，也体现在大到发展理念转变、小到个人绿色生活的方方面面。新时代以来，生态文明理念深入人心，取得的成就有目共睹，许多都是在不断出现问题、解决问题过程中，逐渐形成共识、向前推进的。

人与自然和谐共生，是贯穿人类文明的永恒课题。每一代人都会遇到属于自己的烦恼，也会在实践中找到自己的答案。在生态效益与公共健康中寻找动态平衡，是我们这代人的新课题。"成长的烦恼"在时代进步中一定能有"优解"方案。

《人民日报》（2025 年 04 月 21 日第 01 版）

规范涉企执法，怎样防止问题反弹、提振企业信心？

本报记者　张　璁

> 最近"规范涉企执法"被频繁提及，对集中整治乱收费、乱罚款、乱检查、乱查封，人们拍手叫好。规范涉企执法会是"一阵风"吗？怎样防止问题反弹、提振企业信心？
>
> ——人民网网友 18****6

首先明确回答网友问题：规范涉企执法不是"一阵风"，而且应该以此为契机，推动建设更高水平的法治中国。

中共中央政治局4月25日召开会议，会议强调："扎实开展规范涉企执法专项行动。"当前，各地规范涉企执法的举措都直奔解决经营主体特别是民营企业反映强烈的突出问题。

比如，"乱检查"烦企扰民就是其中之一。司法部发布的一则典型案例曝光了某公司从2021年到2023年"每年都要接受上百次检查"的荒唐事。

涉企执法不规范，就会侵害企业家合法权益、侵蚀企业发展信心，必须下大气力解决。

防止问题反弹、提振企业信心，要发挥法治的保障作用，固根本、稳预期、利长远。

市场经济是法治经济。政府和市场的边界需要以法治来划定，公平公正的市场秩序需要以法治来维护，经营主体的合法权益需要以法治来保障。执法行为直面企业，正是检验法治成色的试金石。

有企业家总结道："求倾斜不如要公平，等扶持不如靠法律。"有法治为市场夯基固本，广大企业和企业家才能放心做业务、安心谋发展。

市场经济又是预期经济。营商环境越好，预期就越稳。有个很形象的比喻：企业就像候鸟，哪里"环境好、生态美、气候佳"，就往哪里"飞"。而法治正是最好的营商环境。

今年"杭州六小龙"火出圈后，当地"无事不扰、有求必应"的法治化营商环境，吸引不少地方前去"取经"。一家企业稳定的发展预期来自哪里？来自规规矩矩的办事流程，来自明明白白的权利义务，来自"亲"而有度、"清"而有为的政商关系，这些都得靠法治保障。

法治建设是管长远、求长效的，法治强才能预期稳，预期稳才能信心足。

涉企执法随意性大怎么办？有的地方实行"亮码检查"，执法人员不扫码，企业就有权拒绝检查。

重复检查、多头检查怎么办？有的地方用"综合查一次"实现"进一次门、查多项事、一次到位"。

执法不规范怎么发现？有的地方完善平台建设，用数字技术的"火眼金睛"随时预警、实时监督。

规范涉企执法，政府还要用服务的暖心增强企业的信心：靠前一步，不光要解决"能办"，还得想到"好办""易办"；换位思考，把"企业事"当作"自家事"；科技赋能，实现线上"无感"监管……

当然，规范涉企执法不是监管"放水"，而要"一碗水端平"。各类所有制企业的违法行为，都不能规避查处。执法机关要严格规范公正文明执法，经营主体也要诚信守法经营。

建设法治中国的大厦，是一砖一瓦不断夯实的过程。十四届全国人大常委会第十五次会议将审议民营经济促进法草案，草案三次审议稿进一步充实支持民营经济发展相关举措，推进严格规范公正文明执法。从一个案例到一项机制，从局部改善到整体提升，这样才能筑牢续写经济快速发展和社会长期稳定"两大奇迹"的法治保障。

《人民日报》（2025年04月27日第01版）

青年的模样，是时代的镜像

本报记者　陈圆圆

　　网上有人说今天的年轻人选择低欲望生活，也有人说现在的青年其实比谁都拼。作为一名95后，我想问：今天的中国青年，到底是啥模样？

——人民网网友 13******7

我们先来看一段全网刷屏的画面：高燃！北京亦庄的马拉松赛道上，20 支钢筋铁骨的机器人队伍，与马拉松爱好者首次"人机共跑"。研发团队成员，大多是中国高校和科技公司的青年创业者。

机器人、人工智能等是年轻的事业，也是年轻人的事业。从一场马拉松走近今天的年轻人，我们可以观察到中国创新浪潮磅礴席卷，新一代弄潮儿活力奔涌。

青年的模样，是时代的镜像。

且看世界舞台上，为国争光的体育健儿。1959 年，22 岁的容国团为中国赢得第一个世界冠军；1984 年，27 岁的许海峰为中国夺得第一枚奥运会金牌；2025 年，20 岁姑娘蒋裕燕成为中国首位获得劳伦斯奖的残疾人运动员……青春梦与强国梦交响，我们从中读懂青年一代从"仰视"到"平视"的自信心态，进而感知中华民族从"赶上"到"引领"的复兴姿态。

再看日常生活中，数以亿计的普通年轻人。风雨无阻穿梭不停的外卖骑手、敲击键盘激荡脑力的程序员、返乡创业耕耘田野的新农人……无需站在聚光灯下，无数微光辉映时代星空。在梦想滋养的国度，每一个人都是主角。平凡身影，正是中国精神、中国价值、中国力量的缩影。

这背后有时代归因。百年前的觉醒年代，山河破碎、国弱民穷，救亡图存是青春使命。筚路蓝缕的建设时期，艰苦奋斗、自力更生，"到祖国最需要的地方去"是青春最响亮的声音；上世纪"八十年代的新一辈"，沐浴改革开放春风，爱拼才会赢成为座右铭。

今天的年轻人，生逢国运荣盛，温饱无虞，大国崛起、科技创新、文化自信，涵养着他们做中国人的志气、骨气、底气，奋斗轨迹有了全新注脚。

历史机遇也是人生际遇。青年和家国休戚与共，新时代需要年轻人挺膺担当，怀爱国之心、立报国之志、增强国之能，跑好历史的接力棒。

没有5年蛰伏打磨作品，就不会有导演饺子创下的中国影史票房纪录；缺乏打脸"外国月亮更圆"的勇气，就不会有梁文锋从小镇青年到聚拢AI人才的逆袭；因为相信时代不会辜负实干者，王兴兴团队迈出中国机器人惊艳世界的试步……雄鹰终将翱翔，只是在用自己的方式练习振翅。

敢于不走寻常路，源于当代中国给予的机遇。新创客崛起、新职业涌现……底气来自时代的馈赠，坚持来自社会的支持，从容来自家庭的包容，选择背后，是年轻人对传统成功路径的认知更新、实践扩围。传统浸润＋时代赋能，今天的年轻人代表的不仅是一代人，更是一种全新的思维方式、生存样式和奋斗姿势。

自然，所有的青春都不易，都有挫折、烦恼和压力。就业创业、房贷车贷、养娃养老、职场竞争……现在的年轻人同样面临急难愁盼，他们的情绪需求和现实期待，需要实实在在的共情与托举。

今年的《政府工作报告》提出，"推动更多资金资源'投资于人'、服务于民生""大力支持、大胆使用青年科技人才"；17条举措促进高校毕业生等青年就业创业，教育、住房、生育等支持政策接连出台……读懂其中的青年关怀，就能明白年轻人从容迈步前的执著与沉潜。

请把掌声与信任送给敢摔敢拼的他们——"我们正在全面推进强国建设、民族复兴伟业，正是年轻一代展示才华、大显身手的好时候"，当下青年的模样，就是青春中国的模样。

《人民日报》（2025年05月06日第01版）

今天我们为什么还需要图书馆？

本报记者　陈圆圆　管璇悦

　　数字时代，手机一点，尽览海量图书；借助 AI，能迅速梳理集纳信息。既然如此，我们为什么还要去图书馆？今天，图书馆存在的意义是什么？

——人民网网友 137****9

文化的繁盛，离不开阅读带来的精神滋养。

当作为"网络原住民"的年轻一代习惯了对着大屏小屏阅读，当坐在家里就能网购图书……走进图书馆还有必要吗？图书馆"过时"了吗？

我们先在数据里找答案。

截至 2024 年底，全国共有公共图书馆 3248 个，全年总流通人次超 13 亿。

打开社交平台，常能看到图书馆门口排起的长队，书架间移动的人影，还有文化地标图书馆里打卡的身影。

守护、传承、研究、共享。今天，一方方馆舍承古开新，不断生长，吸引着越来越多现代人的脚步。

数字时代，信息驳杂，图书馆坚持"知识严选"。

人工智能、搜索引擎提供了海量信息，但图书馆的权威资源、专业馆员，以及知识加工的经验标准无可替代。每本图书的诞生都凝聚了作者、编辑等的诸多心血，能收入图书馆的仍是万里挑一。好书利于人类成长进步，从启智增慧的角度看，图书馆无疑是重要接口，在读者与好书之间搭建津梁。

也许有人会问，图书馆只是集纳知识的"仓库"吗？我们再到时间里找答案。

浙江宁波，我国现存最古老的藏书楼天一阁卓然而立，历经400多年风雨依然书香不绝、文脉不断。我国藏书事业历史悠久，历经书院藏书、私人藏书等，到近代形成公共图书馆的雏形，在新中国成立后逐步构成公共图书馆网络。

时光荏苒，载体更迭，不变的是守护文化根脉、赓续中华文明的使命。

在北京、西安、杭州、广州，"中华文化种子基因库"落成使用。"一总三分"的中国国家版本馆，永久保藏具有重要历史文化传承价值的版本资源。国家图书馆里，甲骨、简牍帛书、金石拓片，近现代印本和报刊资源、口述史影音资料，多模态资源得到悉心保存和修复研究。正因如此，人们得以在数字洪流中触摸文明演进的真切脉动，在岁月长河中品读随时可启的文明档案。

过去，天一阁曾定下"代不分书""书不出阁"的规矩。如今，这里"阁闻天下"，大门敞开。

古今之变定格图书馆演进的缩影。从古代藏书楼到现代图书馆，从以藏为重、藏用并重，到AI赋能、功能刷新，背后不仅是空间的变迁，更是观念的跃迁。

百岁国图里,过去由馆员完成的文献整理、资料提取和知识服务,如今由 AI 进行前期处理;近日开放试运行的"中华古籍智慧化服务平台",让读者穿越千年与历史对话……新技术让图书馆乘云生长,加速更新。

阅读和社交、艺术、科技等多元需求相嵌合,图书馆不再只是学习阅读的场所,还是城市文化客厅、年轻人追捧的"免费度假村""充电桩"。

从 15 分钟阅读圈到 24 小时城市书房,从研发文创新产品到成为文化新地标,现代图书馆在数字浪潮中打造文旅融合新场景,显现公共文化服务的活力与价值。

"数字化时代,社会节奏快,静下心来、耐着性子坐着读本书不容易。"习近平总书记直面现实又充满期待、指明方向:"书香是一种氛围。""数字阅读要和传统阅读结合起来,守住我们的内核和素养。"

数字技术的发展,让更多普通人有机会阅读与书写。走进图书馆,捧卷酣读、墨香萦绕,纸页间的"心流"格外珍贵。数字+传统,相辅相成,获益无穷。

作为国家文化发展水平的重要标志、公共文化服务供给的重要载体,图书馆滋养民族心灵、涵养文化自信,历

| 读者点题·共同关注：打造开门办报新名片 |

久弥新。

有时间我们不妨推开图书馆的门进去——你会发现，那里收存展示的不止书页墨香，还有一个民族拥抱知识、拥抱文明的孜孜身影，对待历史、对待未来的坦坦心迹。

《人民日报》（2025 年 05 月 11 日第 01 版）

中国为什么还需要外资?

本报记者　罗珊珊

　　我关注到今年又出台了稳外资行动方案，改革开放40多年，国内市场经营主体已茁壮成长，我们为什么还需要外资？

　　　　　　　　　　——人民网网友

这名网友的疑问有一定代表性。

先看 3 组数据。

第一组，截至目前，外商在华投资累计设立企业 124 万家，投资额近 3 万亿美元。

外资企业早已是中国高质量发展不可分割的组成部分，贡献了中国 1/4 的工业增加值、1/7 的税收，创造了 3000 多万个就业岗位，为中国经济增长作出了积极贡献。

第二组，外商在华投资已覆盖 20 个行业门类、115 个行业大类；在制造业领域，31 个大类和 548 个小类都有外商投资。

中国是唯一拥有联合国产业分类全部工业门类的国家，其中外资发挥了举足轻重的作用。过去 10 年，在华规模以上外资工业企业研发投入增长 86.4%，有效发明专利数增长 336%。外资企业带来的先进技术和管理经验，对中国企业发展和人才培养产生了积极影响，为建设现代化产业体系提供了重要支撑。

第三组，外资企业贡献了中国 1/3 的进出口，外资准入负面清单从最早 190 项缩减到现在的全国版 29 项和自贸试验区版 27 项，制造业领域已实现"清零"。

加快构建新发展格局,外资是联通国内国际双循环的桥梁纽带。一方面,促进要素流动型开放,通过供应链带动技术、产品、服务等跨境流动,让我国深度参与全球产业分工与合作;另一方面,助力制度型开放,推动经济、科技、生态等多方面体制机制改革。

"实践证明,外资企业是中国式现代化的重要参与者,是中国改革开放和创新创造的重要参与者,是中国联通世界、融入经济全球化的重要参与者。"

实际上,"中国为什么还需要外资"这个问题不是首次出现。

1979年,中国颁布中外合资经营企业法,利用外资的大门就此打开。彼时,也有一些声音认为,引进外资会遏制本土产业发展。

40多年过去,大家有了共识:改革开放使中国快速进入世界市场、大踏步赶上时代,重要一条就是积极利用外资。

近年来,世界上单边主义、保护主义加剧,外商来华投资屡遭地缘政治因素干扰,一些人借题发挥鼓吹"中国不欢迎外资"。

"人类是相互依存的命运共同体""开放带来进步,封闭必然落后"……中国推进改革开放坚定不移,开放的大门只会越开越大，利用外资的政策没有变也不会变。

中国扩大开放的步伐从未停止——

《2025年稳外资行动方案》在"外资24条"基础上，进一步提出20项政策举措；

今年以来，商务部赴日本召开"投资中国"外资政策说明会，赴瑞典、英国举办"投资中国"活动，相关国家对华投资合作意愿显著升温；

今年初，中国贸促会组织107批次团组赴33个国家和地区访问交流，到访奔驰、宝马、博世等多家外资企业总部……

中国扩大开放诚意如何？外资企业最有发言权——中国发展高层论坛2025年年会上，共有21个国家的86名跨国企业正式代表参会；中国美国商会发布的《2025年中国商务环境调查报告》显示，近70%的消费行业受访企业预计2025年将增加在华投资。

相信中国就是相信明天，投资中国就是投资未来，中国过去是、现在是、将来也必然是外商理想、安全、有为的投资目的地。

《人民日报》（2025年05月22日第01版）

外部冲击下，中国经济何以这么稳？

本报记者　吴秋余

> 4月，外部冲击影响加大，但最近出炉的4月经济数据亮眼，特别是出口快速增长。外部冲击下，中国经济何以这么稳？
>
> ——人民网网友

5月19日，我国4月经济数据发布，"超预期"成为很多业内人士第一反应，有些外媒还给出了"在贸易冲突下，中国成功避免经济放缓"的评价。

外部冲击下，中国经济何以这么稳？不妨从最近的两件事说起——

也是在5月19日，华为举行新品发布会，搭载鸿蒙操作系统的鸿蒙电脑正式发布；一天后，小米集团宣布，自主研发设计的3纳米制程手机处理器芯片玄戒O1大规模量产。

任何形式的遏制打压都没有也不可能打乱中国自主创新、发展壮大的步伐。

正是这份自信自立，让中国经济在4月有了"超预期"的表现。

4月初，记者来到"世界小商品之都"浙江义乌采访，看到这里的商户正忙着共创品牌、提升品质。

改代工模式为自主品牌，今年开始，"义乌好货"品牌出海集合店以整店模式输出到海外。1月，"义乌好货"全球首店开张首日签下1.2亿元订单；2月，欧洲首店落户意大利威尼斯……短短几个月，"义乌好货"已帮助190多个义乌品牌业绩增长1亿多元，合作国家达11个，多元化布局自然无惧单边主义挑战。

不少义乌外贸企业还主动创新、拉长产业链提升自身竞争力。义乌一名商户的话很有代表性："产品好、销路广，就不怕变化。"

正是一个个经营主体的内生动力，积攒起整体经济的持续向好。

4月，我国货物进出口总额同比增长5.6%，其中，出口同比增长9.3%。

从出口产品看，技术含量较高的机电产品市场竞争力不断增强。前4月，我国机电产品出口额同比增长9.5%。

从经营主体看，民营外贸企业通过市场多元化策略等有效应对外部冲击。前4月，民营企业进出口同比增长6.8%。

当然，一个国家的进出口并不是孤立存在的，4月出口快速增长，背后是中国经济高质量发展带来的整体实力跃升。

比如，我国是超大规模经济体，制造业规模连续15年稳居全球第一，消费市场规模稳居世界前列，具有很好的成长性，这些决定了我国具有应对各种风险挑战的强大能力。

又如，我国坚定不移推动经济结构调整和新旧动能转换，因地制宜发展新质生产力，加快构建新发展格局，不断做强国内大循环，牢牢把握发展主动权，为应对外部环境急剧变化提供了重要保障。

再如，我国加大宏观调控力度。去年9月26日中共中央政治局会议果断部署一揽子增量政策，全年经济运行呈现前高、中低、后扬态势。去年底的中央经济工作会议、今年的全国两会以及今年4月25日召开的中共中央政治局会议对做好经济工作相继作出部署，保持了政策连续性，着力稳就业、稳企业、稳市场、稳预期，为促进经济持续回升向好发挥了重要作用。

降准降息、加快推动内外贸一体化、加大服务业开放试点政策力度……可以预见，随着新的增量政策落地见效，中国经济完全有条件、有能力、有底气应对各种风险挑战。

一个经济体在逆境中的不俗表现，更能体现这个经济体的真正实力，也更能增强实现预期增长目标的信心和决心。

近期，国际机构纷纷上调中国经济预期。众多跨国企业负责人认为，中国已成为"确定性"的代名词。

中国经济从来都是在风浪中成长、在磨砺中壮大的。未来，国际环境不稳定、不确定、难预料因素依然比较多，但实践已经证明并将继续证明：中国经济回升有基础、政策有保障、消费有潜力、创新有动能。

"中国发展前景是光明的，我们有这个底气和信心。"

《人民日报》（2025年05月23日第01版）

中国作为发展中国家,为什么还要坚持减碳?

本报记者 程 晨

> 从媒体上看到,一些发达国家已经放弃减碳了。我国作为发展中国家,为什么还要坚持减碳?
>
> ——人民网网友

减碳，不是别人让我们做，而是我们自己必须要做。

咱们从什么是"碳"说起。

"减碳"这个语境中，"碳"指的不是碳元素，而是温室气体。导致温室效应的二氧化碳、甲烷、氧化亚氮等被称为温室气体。其中，二氧化碳跟人类活动关系密切，被作为"代表"。日常表达中又把"二氧化碳"简称为"碳"。

为什么要减碳？

直接原因是气候变暖威胁人类生存与文明延续。

联合国多次警告，温室气体排放量的增加与日益频繁和剧烈的气候灾害之间存在直接联系，全球变暖正在加速。世界气象组织数据显示，2024年是有记录以来最热的一年，极端天气事件在全球多地频发。与本世纪初相比，2024年创下月度降雨量新高的频率高出27%，创下日降雨量新高的频率高出52%。

全球变暖带来的影响中，没有国家能独善其身。具体到我国，中国气候公报显示，2024年，全国平均气温10.9摄氏度，为1951年以来历史最高，全国平均高温日数较常年偏多6.6天，为1961年以来第二多；全国平均降水量为697.7毫米，比常年偏多9.0%。相关自然灾害影响农业生产，威胁人民生命财产安全。

更深层次的原因则有国际、国内两个层面。

国际层面，减碳是中国主动担当大国责任、推动构建人类命运共同体的迫切需要。

减碳能让中国在全球绿色低碳发展大势中保持战略主动。减碳的努力能够助力发展中国家提升应对气候变化的硬实力，为构建人类命运共同体添砖加瓦。作为全球生态文明建设的重要参与者、贡献者、引领者，中国深度参与全球环境治理，不断增强在全球环境治理体系中的话语权和影响力。中国建成了全球最大、最完整的新能源产业链，仅2023年出口的风电光伏产品就助力其他国家减碳约8.1亿吨。

国内层面，减碳有利于经济社会绿色低碳转型和可持续发展。

减碳有利于满足人民群众日益增长的优美生态环境需求、促进人与自然和谐共生。我国大力调整能源结构，水电、核电、风电、太阳能发电量大幅增长，不仅减少了碳排放，还减少了PM2.5及其他污染物的排放。2015—2023年，我国地级及以上城市PM2.5平均浓度下降超30%。2013—

2022年，京津冀区域GDP增长六成的同时，PM2.5浓度下降六成以上。

减碳有利于破解资源环境约束突出问题、实现可持续发展。我国风、光、水、生物质发电装机总量全球第一。过去10年，我国煤炭占能源消费比重下降12.6个百分点。2013—2023年，我国以年均3.3%的能源消费增速支撑了年均6.1%的经济增长。2023年，我国可再生能源年发电量约占全社会用电量1/3。

减碳有利于顺应技术进步趋势、推动经济结构转型升级。我国累计退出钢铁落后产能1.5亿吨以上，完成钢铁全流程超低排放改造1.34亿吨，建成了全球最大、最完整和最具竞争力的清洁能源产业链，多晶硅、硅片、电池片、组件的产量在全球占比均达到80%以上；风电机组制造产能占全球六成。

可见，减碳的同时，实现的是发展。思考为什么减碳，本质上是探究怎样发展。

我们要实现的发展，是能够很好满足人民日益增长的美好生活需要的发展，是体现新发展理念的发展。

部分国家在减碳中打起退堂鼓，但中国的承诺丝毫不打折扣。绿色是高质量发展的底色,减碳是推动高质量发展的内在要求。减碳的同时,我们实现的是发展方式的转变。

当张北的风点亮北京的灯,当"蓝天白云、繁星闪烁"成为日常,这硬核的浪漫和稳稳的安全感令人忍不住点赞。

《人民日报》(2025年06月02日第01版)